JN111294

あなたの予想と馬券を変える
革命競馬

伊藤雨氷

この競馬にはウラがある！リンク馬券術――目次

リンク理論とは何か――初めて読まれる方のために

第1章　ＧＩを撃つ！ルメール、武豊　そして川田騎手の方式

第2章　2024年高松宮記念～スプリンターズS　ＧＩ【連対馬】的中予言

第3章 2024年日経賞〜マーメイドS GⅡ・GⅢ【連対馬】的中予言

注：日程・競馬場・距離が変更になったユニコーンS（4月27日・京都）は、リンク・データが蓄積されるまで掲載を見合わせます。なにとぞご了承ください。

第4章 2024年ラジオNIKKEI賞〜シリウスS GⅡ・GⅢ【連対馬】的中予言

装丁●橋元浩明（sowhat.Inc.） 本文 DTP ●オフィスモコナ
馬柱●優馬 写真●野呂英成

※名称、所属は一部を除いて 2024 年2月 10 日時点のものです。
※成績、配当、日程は必ず主催者発行のものと照合してください。

馬券は必ず自己責任において購入お願いいたします。

リンク理論とは何か——初めて読まれる方のために

リンク理論とは、レース名や距離や施行日など、なんらかの共通項を持ったレースの１、２着馬の馬番が、数年～10年以上に渡って例外なく連動している現象を解き明かした理論だ。『リンク馬券術』は、そのリンク理論を使った馬券作戦を紹介するものである。

何やら難しい話のように思うかもしれないが、本書で紹介する必勝法は、基本となる使用方法さえ理解すれば、誰にでも簡単に使える作戦だ。しかも数カ月～１年後に行なわれるレースの１、２着馬を予告できてしまうスグレモノである。

初心者でも使えるやさしい作戦だが、的中する配当は上級者も唸らせる！　この理論から浮上した馬番を軸にして流せば、読者の的中率は大幅にアップするし、現在ご愛用の作戦から見つけ出した馬を、リンク理論で浮上した馬たちに絡ませてみても、資金回収率は確実に上がる。

今まで出馬表を見た瞬間に切って捨てていた超人気薄も、自信を持って買える。リンク馬券術は、超万馬券も数点で狙い撃ちできるほどの破壊力を持っている。なぜならば、その馬の実力に関係ない次元で、馬番がリンクするからだ。

勘違いをされると困るので念のためにいっておくが、リンク馬券術は万馬券だけを狙う作戦ではない。9990円以下の中穴馬券も着実に的中実績を重ねている。つまり、この必勝法は高配当狙いのものではなく、解析した結果が穴馬を指すのか、人気馬を指すのかというだけなのである。

また本書では触れていないが、メインレースとして行なわれる重賞やオープン特別戦だけではなく、９Ｒや10Ｒに組まれる２勝クラス特別や３勝クラス特別にも十分対応できるので、ある程度慣れてきたら、ぜひこちらのほうにもチャレンジしていただきたい。

【逆番】で、より簡単に、よりよく当たるように

【逆番】について最初に本を書いたのは、平成7年（1995年）の秋のこと。発表した当初は、仲間であるはずのサイン読みウラ読み派からも「わけのわからん作戦」「屁理屈」と中傷され続けた苦い思い出がある。

これには心臓に毛が生えている（頭の毛は薄い）私でもさすがに堪えたが、数少ない理解者である編集者との出会いにより雑誌連載が叶い、誌上予告や会員向け予想の中で解説、連対馬番予告的中を重ねていくうちに、だんだんと理論の整合性、本命でも超高配当でも的確に馬番予告していくさま、その破壊力について理解されるようになった。

こうした苦労の末に世に出た【逆番】も、今ではプロ、アマを問わず、多くの方々から《便利なツール》として支持されるようになり、書いた本人としては大変うれしく思っている。

ただ、一方では20代の新たな競馬ファンには、リンク理論どころか、サイン読みという馬券術が世の中にあることすら知らない方が増えているのも事実。長い年月を重ねているので仕方のないところだろうが、サイン馬券を衰退させないために、後継者となり得る彼らにもこの馬券術を広めていかねばならない。

そのためには小難しい理屈をこねるよりも、簡単でよく当たり、誰がやっても同じ答えが出せるように、もうひと皮剥く必要がある。これからの課題は、「より簡単にすること」、これに尽きると思う。私の本を読むのはこれが初めてという方は、次項からの基本用語の解説をどうぞ。

リンク理論の基本用語、約束事をマスターしよう！

ではここで、リンク理論を解説していくうえでの約束事をまとめておこう。【逆番】をはじめとする用語の説明もしてある。作戦の使い方で迷ったときは、ここを開いていただきたい。

正　番…【正番】とは、1号馬からプラス方向（左へ）順に数えた数字を指す。いわゆる馬番のこと。

逆　番…【逆番】とは、大外馬からマイナス方向（右へ）順に数えた数字を指す。【正番】の反対数字。

正循環…正循環とは、【正番】の2周目以降の数字を指す。1号馬から数え大外に行き当たったら、再度1号馬へ戻ってプラス方向へ数え続けること。

逆循環…逆循環とは、【逆番】の2周目以降の数字を指す。正循環の反対数字。大外馬から数え1号馬に行き当たったら、再度大外馬に戻ってマイナス方向へ数えること。

下の2023年の有馬記念を例に取ると、1着の⑤ドウデュースは【正5番】【正21番】【逆12番】【逆28番】に該当し、2着ス⑯ターズオンアースは【正16番】【正32番】【逆1番】【逆17番】に該当することになる。

16	15	14	13	12	11	10	9	8	7	6	5	4	3	2	1
桃8		橙7		緑6		黄5		青4		赤3		黒2		白1	
ドゥラメンテ	ドリームジャーニー	ディープインパクト	サトノクラウン	スクリーンヒーロー	ハーツクライ	ディープインパクト	キングカメハメハ	オルフェーヴル	オルフェーヴル	キズナ	ハーツクライ	ドゥラメンテ	ロードカナロア	ディープインパクト	キタサンブラック
スターズオンアース	スルーセブンシーズ	プラダリア	タスティエーラ	ウインマリリン	ハーパー	ジャスティンパレス	ヒートオンビート	ライラック	アイアンバローズ	ディープボンド	ドウデュース	タイトルホルダー	ホウオウエミーズ	シャフリヤール	ソールオリエンス
サザンスターズ英	マイティースルー4勝	シャッセロール3勝	パルティトゥーラ3勝	コスモチェーロ1勝	セレスタ	パレスルーマー米	マルセリーナ4勝	ヴィーヴァブーケ1勝	パレスルーマー米	ゼフィランサス3勝	ダストアンドダイヤモンズ米	メーヴェ5勝	エミーズスマイル公	ドバイマジェスティ米	スキア仏
56牝4	56牝5	58牡4	56牡3	56牝6	54牝3	58牡4	58牡6	56牝4	58牡6	58牡6	58牡4	58牡5	56牝6	58牡5	56牡3
ルメール	池添	ムルザバエフ	ムーア	モリス	岩田望	横山武	坂井	戸崎圭	石橋脩	マーカンド	武豊	横山和	田辺	松山	川田
高柳瑞	尾関	池添学	堀	手塚	友道	杉山晴	友道	相沢	上村	大久保龍	友道	栗田徹	池上和	藤原英	手塚
19,400	8800	6450	26,100	24,240	5250	23,750	8050	4850	8100	27,600	18,900	39,950	5750	40,310	19,500
[illegible]40	22,652	19,290	52,700	53,774	18,700	56,710	28,421	13,980	21,260	67,796	[illegible]100	89,000	17,655	99,792	43,900
[illegible]H	キャロットF	名古屋友豊	キャロットF	ウイン	エムズR	三木正浩	社台RH	芹澤精一	猪熊広次	前田晋二	キー[illegible]ーズ	山田弘	小笹芳央	サンデーR	社台RH
[illegible]F	ノーザンF	オリエント牧場	ノーザンF	コスモヴューF	ノーザンF	ノーザンF	社台F	杵臼牧場	ノーザンF	村田牧場	ノ[illegible]ザンF	岡田S	社台F	ノーザンF	社台F
△◎△▲△▲	注△▲注△○	西	△○注◎▲△	△	西	◎注○○○◎西	△西	△△	西	初B△△△西	○△△◎注西	△△△		△△△西	▲▲◎△注△

2　1

16	15	14	13	12	11	10	9	8	7	6	5	4	3	2	1	←[正　番]
32	31	30	29	28	27	26	25	24	23	22	21	20	19	18	17	←[正循環]
[逆　番]→ 1	2	3	4	5	6	7	8	9	10	11	12	13	14	15	16	
[逆循環]→ 17	18	19	20	21	22	23	24	25	26	27	28	29	30	31	32	

その他、私の元に寄せられる質問に対し、まとめて答えておこう。

Q：取り消し馬は削って数えるのか？

A：リンク理論では、出馬表に載った馬は、取り消し、発走除外などになっても、一切削らずに数えることとしている。

Q：取り消し馬の着順は？

A：取り消し、除外馬はビリとして扱うこと。もし同一レースで複数の取り消しが発生したときは、最も取り消し時刻の早いものをビリ馬とし、2番目をブービーとする。

Q：降着馬の着順は？

A：降着馬は入線順位ではなく、確定した着順を使う。

Q：落馬の着順は？

A：落馬もビリ扱いで構わない。もし同一レースで複数の落馬が発生したときは、五十音順位の後位の馬をビリとする。

Q：取り消し、除外、落馬が同じレースで起きたらどうすればよいか？

A：例えば9頭立てのレースで、以下のようなケースがあったとする。ちなみにレース結果は1着⑦番、2着②番、3着⑨番だった。

⑤番馬が前日に取り消し

⑥番馬が当日の朝に取り消し

③番馬が直前に発走除外

⑦番馬が外枠発走

①番馬と⑧番馬が相次いで落馬（⑧番馬よりも①番馬が五十音上位馬）

④番馬が斜行、1位入線後に4着降着

メチャメチャなレースだが、この場合、⑦番馬は外枠発走以外に何も問題がないからそのまま1着。②番と⑨番も掲示板通りでいい。

1着⑦番　2着②番　3着⑨番

そして4着以下が問題となる。

4着④番　5着①番　6着⑧番　7着③番

8着⑥番（ブービー）　9着⑤番（ビリ）

以上のように扱っていただきたい。

第1章

を撃つ！ルメール、武豊、そして川田騎手の方式

武豊アレルギーと、23年・有馬記念の顛末

2024年の目標は「武豊アレルギーを克服する」こと。とにかく、これをなんとかしなければ始まらない。

ここ近年の講演会や、オフ会で私は有馬記念のことを
「有馬記念くらい簡単なレースはない」
「黙ってルメさん（C・ルメール騎手）から買えば当たる」
「GⅠの中で最も楽チンなレース」といい続けてきた。

そして、有言実行。10年以上ドッパズレはなく、なんだかんだいいながら有馬記念だけは、毎年的中を続けてきた。

なぜなら、過去の著書でも繰り返し述べたように、

●有馬記念は、12年連続でルメール騎手の枠
●関東の古馬GⅠはルメさんが確変18連チャン
●「記念」GⅠは牝馬が馬券
●３番人気のいる枠が馬券
●宝塚記念の連対馬か、その隣馬が馬券
●「グランプリ」レースは、正逆12番か13番が馬券

毎年、これくらい知っていれば、パズルのように出馬表を当てはめるだけで的中できるからだ。

現に、23年も「３番人気」のスルーセブンシーズと８枠に同居した「ルメール自身」がスターズオンアース「牝馬」で２着。

そのスルーセブンシーズは23年「宝塚記念の２着馬」。このように、上記パターンのほとんどを満たしたのが８枠だった。

出馬表を見た瞬間に、「今年もルメさんから指名の濃い馬に流せば当たりだな」と考えた。宝塚記念の１着・２着の同居した３枠を、まるでコピーしたかのような枠が有馬記念の８枠だからだ。

後述するが、**重賞は川田騎手かルメール騎手の逆番**に注意している。今回は正１番に川田騎手、逆１番にルメール騎手が入り、相互指名となっている。

この場合、極めて高い確率でどちらかは馬券になるフラグが立つ。

23年秋ＧＩでは正逆１番か17番が走り続けている。16頭立てでは１番と16番（逆１番）に重なるのも推しだった。

・宝塚記念

５番イクイノックス　　　ルメール　１着

６番スルーセブンシーズ　池添　　　２着

・有馬記念

15番スルーセブンシーズ　池添　　　宝塚記念連対馬

16番スターズオンアース　ルメール　２着　牝馬　ルメさん枠

以上の強い重なりから、「今年もルメさん軸で行く」と馬券仲間に伝えると、「８枠だから来ない」と一蹴されてしまった。

有馬記念は19年から22年まで４年連続して５枠が連対。８枠は不利といわれ、枠順抽選会でもルメール騎手が頭を抱えたが、それもお茶目な演出だろう。

普通に考えれば、短距離のほうが外枠は更に不利なはずなのに、1200ｍ戦で外枠馬が勝つことも茶飯事だ。

ましてや、有馬記念のような2400ｍ戦なら、前半はゆったりと流れ、位置取りは自在。ルメさんほどの名手なら、どこからでも好位をキープするのは、造作もないことだろう。

有馬記念では過去10年で６枠・７枠も７頭が馬券になったが、７枠ならＯＫで、約１ｍだけ外側の８枠になった途端に凄く不利というのも無理がある。

更に、これをいうと身もフタもないが、「管理競馬」なんだから、何枠だろうが「来い」といわれれば来るのがジョッキーの仕事。

しかし、ここで〝あるアレルギー〟の問題が……。

先ほどもグランプリレースは正逆12番か13番と述べたが、21年からは逆12番の1頭指名になっている。

●グランプリレースの正逆12番、13番が馬券

20年	宝塚記念	正12番モズベッロ	3着
	有馬記念	正13番フィエールマン	3着
21年	宝塚記念	逆12番レイパパレ	3着
	有馬記念	逆12番ディープボンド	2着
22年	宝塚記念	逆12番デアリングタクト	3着
	有馬記念	逆12番ジェラルディーナ	3着
23年	宝塚記念	逆12番スルーセブンシーズ	2着
	有馬記念	逆12番ドゥデュース	1着
		逆13番タイトルホルダー	3着

さっそく有馬記念の馬柱の逆12番（3枠⑤番）を見ると、武豊騎手のドゥデュースが鎮座している。げげっ、またタケトヨか！

歴史の長い読者の方なら、なぜそうなったのかのエピソードも含めてご存知と思うが、とにかく私は武豊騎手との相性がすこぶる悪い。

ある出来事以来、約30年間どうしても波長が合わず、重度のアレルギーにもなっている。

だからドゥデュースは消したい、どうしても消したいと、いつものバイアスが強く働いて、結局消すことに……。

「グランプリレースの逆12番が強い」ことはわかっていても、武豊騎手だからという理由だけで、2番人気のドゥデュースを強引に消した。

有馬記念では毎年１番人気か２番人気が連対しているのだから、２番人気を蹴った時点でハズレが半分は決まっているようなものだ。

いろいろ悩んだ挙句、⑯スターズオンアースと、４年連続連対中の５枠で１番人気の⑩ジャスティンパレス。

そしてルメール騎手の逆番で３歳の①ソールオリエンスの３頭と、武豊騎手の15隣馬で宝塚記念１着馬でもある④タイトルホルダーを絡めて買った。

結果は、ご承知の通り、ドゥデュースが１着で突き抜け、２着はスターズオンアース、３着にはタイトルホルダーが粘った。

４着はジャスティンパレス。

やはり、どうしても合わない。買えば来ない。切れば来る。**キルクールの法則**は健在だ。

しかし、有料会員さんを預かる身としては、苦手だなんだとはいっていられない。

「どうして、あんなに指名の濃いドゥデュースを切ったのか？」

「これだけ重なれば、普通に武から狙えましたよね？」と強めのクレームもいただいた。

本章の後半に、ＧＩと重賞のサインをまとめるが、有馬記念は当年天皇賞（秋）の３番人気以内馬が候補など（ドウデュースは２番人気だった）、いかに⑤ドウデュースの指名が強かったのかはわかると思う。

●有馬記念は当年天皇賞（秋）3番人気以内の馬が連対

17年　キタサンブラック　　１着（秋天１番人気１着）
18年　レイデオロ　　　　　２着（秋天２番人気１着）
19年　サートゥルナーリア　２着（秋天２番人気６着）
20年　クロノジェネシス　　１着（秋天２番人気３着）

2023年12月24日・中山11R有馬記念（ＧⅠ、芝2500m）

●K君の馬券…武豊騎手の＋15馬、宝塚記念勝ち馬（ただし22年）、ジャパンCと同枠の④タイトルホルダーから軸1頭流しの3連複（相手は①、②、⑤、⑩、⑯）

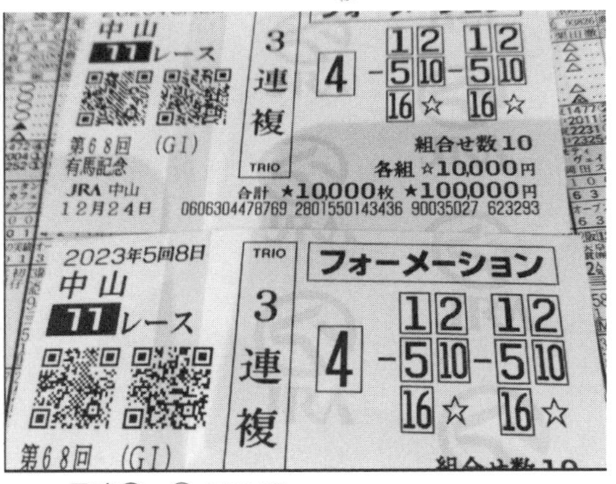

馬連⑤ー⑯ 2730円
3連複④⑤⑯ 8050円
3連単⑤→⑯→④ 42110円
馬券は上が1点1万円、下が（切れているが）1点1000円の購入。計1万1000円で3連複80.5倍を的中し、払戻 **88万5500円！**

16 桃8	15 桃8	14 橙7	13 橙7	12 緑
ドゥラメンテ㊕	ドリームジャーニー㊥	ディープインパクト㊕	サトノクラウン㊕	スクリーンヒーロー㊙
スターズオンアース	スルーセブンシーズ	プラダリア	タスティエーラ	ウインマリリン
サザンスターズ英㊥	マイティースルー1 4勝㊥	シャッセロール3勝㊙	パルティトゥーラ3勝㋮	コスモチェーロ1勝㊕
黒鹿 56 牝4	鹿 56 牝5	鹿 58 牡4	鹿 56 牡3	栗 56 牝6
ルメール	池添	ムルザバエフ	ムーア	モリス
高柳瑞	尾関	池添学	堀	手塚
19,400	8800	6450	26,100	24,240
58,140	22,652	19,290	52,700	53,774
社台RH	キャロットF	名古屋友豊	キャロットF	ウイン
社台F	ノーザンF	オリエント牧場	ノーザンF	コスモヴューF
△ ◎ △ ▲ △ ▲	注 △ ▲ 注 △ ○	西	△ ○ 注 ◎ ▲ △	△
阪1574② [illegible]③ 東[illegible]③ 大[illegible]①	中1585② 阪2112② 東2252⑨ 大1465①	新1593④ 阪2115③ 東2228⑤ 東2311⑤	中2004① 大1472① 東2252① 芋3037②	東1587① 阪2107④ 東2245② 中2333①
大32.6② 1 1 2 0	大33.8① 0 1 0 0	芋34.1④ 初騎乗	大33.5① 1 0 0 0	云34.0② 初騎乗
2 3 3 0 初コース	1 2 0 4 初コース	2 0 2 6 初コース	2 2 0 1 初コース	4 2 1 11 1 0 0 0
○0000	◎1000	◎2000	○0100	○0101
スマートストライク	クロフネ	クロフネ	マンハッタンカフェ	フサイチペガサス
ステラデルシエロ	パッシングスルー	ヴェントボニート	初仔	ウインマーレライ
壱 三 芋 大 1 0 0 1 0 0 1 1 1 0 1 0 0 0 0 0	壱 三 芋 大 0 0 2 2 0 2 1 0 0 1 1 0 2 0 2 0	壱 三 芋 大 3 0 0 0 0 0 2 0 0 2 0 0 2 2 1 0	壱 三 芋 大 1 0 1 1 0 0 1 0 0 0 0 0 0 0 0 1	壱 三 芋 大 2 1 3 0 1 1 0 0 0 0 1 0 1 5 4 1
2阪 4月2日 ④ 大阪 2 GI 11ｰ16頭 芋内 1574 56 ルメール M ⑫⑪⑨ 484 人気1 後方伸 ハナ 368 中 344 ジャックドール 1574 0.0	2中 3月11日 ⑤ 中山牝馬 1 牝ハGIII 8ｰ14頭 大内 1465 54 ルメール S ⑨⑧⑤ 448 人気2 中位一気 1¼ 375 中 338 ストーリア 1467 0.2	3阪 6月25日 ⑧ 宝塚 6 GI 7ｰ17頭 三内 2116 58 菱田 M ⑩⑪⑫ 466 人気16 中位差詰 2½ 350 中 353 イクイノックス 2112 0.4	3中 4月16日 ⑧ 皐月 2 GI 14ｰ18頭 芋内 2008 57 松山 H ⑥⑥④ 478 人気5 一旦先頭 1¼ 359 中 366 ソールオリエンス 2006 0.2	2札 8月20日 ④ 札幌記念 9 GII 2ｰ15頭 芋 2040 56 松岡 M ③③③ 494 人気6 好位一杯 15¾ 361 中 387 プログノーシス 2015 2.5
2東 5月14日 ⑧ ヴィクト 3 牝GI 2ｰ16頭 天 1323 56 ルメール S ⑤⑤③ 484 人気1 好位伸 ¾身 348 内 336 ソングライン 1322 0.1	3阪 6月25日 ⑧ 宝塚 2 GI 6ｰ17頭 三内 2112 56 池添 M ⑰⑯⑫ 446 人気10 後方伸 クビ 355 外 346 イクイノックス 2112 0.0	3新 9月3日 ⑧ 新潟記念 4 GIII 13ｰ14頭 芋外 1593 57 池添 S ⑥⑤⑥ 464 人気3 好位一息 1¾ 371 外 341 ノッキングポイント 1590 0.3	2東 5月28日 ⑫ ダービー 1 GI 12ｰ18頭 云 2252 57 レーン S ④④④ 478 人気4 先行抜出 クビ 361 中 335 ソールオリエンス 2252 0.0	4中 9月24日 ⑦ オールカマー 9 GII 15ｰ15頭 三外 2128 57 松岡 S ④⑤⑥ 484 人気9 中位まま 5¼ 370 中 358 ローシャムパーク 2120 0.8
5東 11月26日 ⑧ ジャパン 3 GI 17ｰ18頭 云 2226 56 ピュイック H ④④④ 496 人気5 好位伸 5身 377 中 340 イクイノックス 2218 0.8	10月1日 凱旋門賞 4 GI 稍 15頭 云右 2259 58 ルメール ⑫⑫⑬ パリロンシャン フランス 後方伸 3身 エースインパクト 2255 0.4	2京 10月9日 ③ 京都大賞 1 GII 7ｰ14頭 云外 2253 57 池添 S ③③② 470 人気5 好位差切 クビ 369 内 356 ボッケリーニ 2253 0.0	2京 10月22日 ⑦ 菊花 2 GI 7ｰ17頭 芋外 3037 57 モレイラ S ⑪⑨⑧ 480 人気2 中位伸 3½ 375 中 348 ドゥレッツァ 3031 0.6	11月4日 BCフィリーメア 4 GI 良 12頭 芋左 1592 56 Cデムーロ ⑩⑩⑦ サンタアニタ アメリカ 内つき伸 1¼ インスパイラル 1590 0.2

6 [11]	[10] 黄5	[9]	[8] 青4	[7]	[6] 赤3	[5]	[4] 黒2	[3]	[2] 白1	[1]
ハーツクライ	ディープインパクト	キングカメハメハ	オルフェーヴル	オルフェーヴル	キズナ	ハーツクライ	ドゥラメンテ	ロードカナロア	ディープインパクト	キタサンブラック
ハーパー	ジャスティンパレス	ヒートオンビート	ライラック	アイアンバローズ	ディープボンド	ドウデュース	タイトルホルダー	ホウオウエミーズ	シャフリヤール	ソールオリエンス
セレスタ 亜(マ)	パレスルーマー 米(マ)	マルセリーナ 4勝(中)	ヴィーヴァブーケ 1勝(中)	パレスルーマー 米(マ)	ゼフィランサス 3勝(中)	ダストアンドダイヤモンズ 米(短)	メーヴェ 5勝(長)	エミーズスマイル 公(中)	ドバイマジェスティ 米(マ)	スキア 仏(中)
鹿 54 牝3	青鹿 58 牡4	鹿 58 牡6	鹿 56 牝4	鹿 58 牡6	青鹿 58 牡6	鹿 58 牡4	鹿 58 牡5	鹿 56 牝6	黒鹿 58 牡5	鹿 56 牡3
岩田望	横山武	坂井	戸崎圭	石橋脩	マーカンド	武豊	横山和	田辺	松山	川田
友道	杉山晴	友道	相沢	上村	大久保龍	友道	栗田徹	池上和	藤原英	手塚
5250	23,750	8050	4850	8100	27,600	18,900	39,950	5750	40,310	19,500
18,700	56,710	28,421	13,980	21,260	67,796	49,100	89,000	17,655	99,792	43,900
エムズR	三木正浩	社台RH	芹澤精一	猪熊広次	前田晋二	キーファーズ	山田弘	小笹芳央	サンデーR	社台RH
ノーザンF	ノーザンF	社台F	杵臼牧場	ノーザンF	村田牧場	ノーザンF	岡田S	社台F	ノーザンF	社台F
……	◎	△	……	……	初	○	……	……	△	▲
……	注	……	△	……	B	△	……	……	……	▲
……	○	……	……	……	△	……	……	……	△	◎
……	○	……	△	……	……	△	△	……	……	△
……	○	……	……	……	△	◎	△	……	……	注
…… 西	◎ 西	…… 西	……	…… 西	△ 西	注 西	△	……	△ 西	△
京2016③	東1556②	福1582②	阪1594⑩	阪2014③	京2011①	東1566⑦	中2011②	阪1589③	東1581⑤	中2006❶
京2128③	京2111①	京2121③	阪2127⑰	阪2122⑮	阪2103④	阪2[illegible]9①	阪[illegible]①	阪2142❼	京2187④	中2117②
東2241②	東2232⑨	阪2251⑧	東2254⑪	東2240⑩	東2236⑩	東2[illegible]9①	東[illegible]⑧	函1243⑥	東2225①	東2252②
大1326④	中2335⑦	東2301③	東2314⑨	東2331⑥	中2321②	大14[illegible]3①	中[illegible]⑤	大1469②	大1439①	3040③
						1	3			
34.2④	33.7②	32.4②	33.0③	33.3②	34.6①	33.7①	33.9②	33.3⑧	33.4③	33.3①
初騎乗	0 1 0 0	初騎乗	0 0 2 1	1 2 0 3	初騎乗	5 1 1 2	4 1 0 5	1 0 0 2	初騎乗	初騎乗
1 1 2 1	3 2 2 3	1 4 4 5	1 1 2 8	1 2 0 12	4 4 1 12	4 1 1 4	6 3 0 8	2 1 2 10	3 1 3 5	2 2 1 0
初コース	0 0 0 1	0 0 1 1	0 0 0 1	初コース	0 1 0 1	初コース	2 0 0 2	初コース	初コース	初コース
○0000	○0000	○0002	○0101	○0001	◎1022	○0002	◎1001	◎2102	○0001	○1000
ジャンプスタート	ロイヤルアンセム	ディープインパクト	キングカメハメハ	ロイヤルアンセム	キングヘイロー	ヴィンディケイショ	モティヴェイター	アグネスタキオン	エッセンスオブドバ	モティヴェイター
ヴァレーデラルナ	パレスマリス	ラストドラフト	ブラックホール	ジャスティンパレス	ダンケシェーン	マッチベター	メロディーレーン	エミーズパラダイス	アルアイン	ヴァンドギャルド
0 0 0 0	0 1 2 0	3 2 0 0	0 0 0 1	3 0 1 0	1 1 1 0	1 1 0 2	2 1 1 1	0 1 1 4	2 0 0 2	0 0 2 1
1 0 1 0	0 0 2 0	4 1 3 0	0 1 0 0	2 0 1 0	2 0 0 0	0 0 1 0	0 1 1 1	0 1 0 4	1 0 0 0	1 1 0 0
0 1 1 0	0 1 0 0	3 1 1 0	0 0 1 1	1 0 2 0	1 0 1 0	0 0 1 0	0 0 0 0	0 0 2 0	2 0 0 1	0 0 0 0
0 0 0 0	2 0 1 0	4 2 1 0	3 2 2 0	5 3 0 1	5 3 3 0	3 0 1 0	5 1 1 0	0 1 4 10	1 1 2 0	0 0 0 0
2東 5月21日 ⑩オークス 2 牝GI 12ﾄ18頭 2241 55 ルメール S⑧⑧⑧ 468 人気2 中位伸 6身 364中348 リバティアイラ 2231 1.0	1京 4月30日 ④天皇賞 1 GI 1ﾄ17頭 外3161 58 ルメール H⑦⑦④ 472 人気2 直抜出 2½ 365中349 ディープボンド 3165 0.4	2東 5月28日 ⑫目黒 1 GII 10ﾄ18頭 2308 58 レーン S⑩⑪⑩ 478 人気4 中位差切 アタマ 374中339 ディアスティマ 2308 0.0	3阪 6月25日 ⑧宝塚 17 GI 1ﾄ17頭 内2127 56 Mデムーロ M⑦⑧⑫ 430 人気13 中位一杯 8¾ 347内364 イクイノックス 2112 1.5	1京 4月30日 ④天皇賞 13 GI 5ﾄ17頭 外3183 58 坂井 H②①① 508 人気16 先行一杯 13¼ 357内375 ジャスティンパ 3161 2.2	3阪 6月25日 ⑧宝塚 5 GI 10ﾄ17頭 内2116 58 和田竜 M⑦⑧⑥ 502 人気5 中位差詰 2¼ 346中355 イクイノックス 2112 0.4	3月25日 ドバイターフ GI 良 14頭 取消 57 武豊 メイダン 競馬場 アラブ首長国 左前肢跛行 ロードノース 1473	1京 4月30日 ④天皇賞 GI 3ﾄ17頭 外 中止 58 横山和 H①②⑯ 474 人気1 2周目4角 疾病発症 ジャスティンパ 3161	2福 7月9日 ④七夕 3 GIII 2ﾄ16頭 2000 54 丸田 S⑦⑧⑥ 448 人気13 中位伸 1½ 367内346 セイウンハーデ 1598 0.2	3月25日 シーマクラシック 5 GI 良 10頭 2269 57 Cデムーロ ⑦⑦⑧ メイダン アラブ首長国 後方差詰 8身 イクノックス 2256R 1.3	2東 5月28日 ⑫ダービー 2 GI 5ﾄ18頭 2252 57 横山武 S⑥⑥⑥ 460 人気1 好位伸 クビ 363中333 タスティエーラ 2252 0.0
2京 10月15日 ⑤秋華賞 3 牝GI 2ﾄ18頭 内2016 55 ルメール S⑤④⑤ 482 人気2 好位伸 3½ 369中343 リバティアイラ 2011 0.5	3阪 6月25日 ⑧宝塚 3 GI 9ﾄ17頭 内2114 58 鮫島駿 M⑬⑪⑨ 470 人気2 後方伸 1¾ 352外351 イクイノックス 2112 0.2	2京 10月9日 ③京都大賞 9 GII 10ﾄ14頭 外2263 58 川田 S⑦⑤⑥ 484 人気4 中位一杯 6身 374中362 プラダリア 2253 1.0	4東 10月14日 ④府中牝馬 3 牝GII 8ﾄ13頭 1462 55 戸崎圭 S④⑥⑤ 448 人気10 中位伸 クビ 368中330 ディヴィーナ 1461 0.1	2京 10月9日 ③京都大賞 11 GII 14ﾄ14頭 外2267 57 北村友 S②②② 514 人気13 先行一杯 8½ 367中370 プラダリア 2253 1.4	2京 10月9日 ③京都大賞 3 GII 4ﾄ14頭 外2254 57 和田竜 S⑧⑨⑨ 508 人気1 G前競い 1身 376外351 プラダリア 2253 0.1	4東 10月29日 ⑨天皇賞 7 GI 3ﾄ11頭 1566 58 戸崎圭 M④④④ 512 人気2 好位一杯 8¼ 359中353 イクイノックス 1552R 1.4	4中 9月24日 ⑦オールカマー 2 GII 2ﾄ15頭 外2122 58 横山和 S①①① 472 人気1 逃粘る 1¼ 360内357 ローシャムパー 2120 0.2	4新 10月22日 ④新潟牝馬 2 牝L 3ﾄ13頭 内2150 56 吉田隼 S⑧⑨⑨ 450 人気1 中位伸 1½ 368外350 メモリーレゾン 2148 0.2	2札 8月20日 ④札幌記念 11 GII 4ﾄ15頭 2048 58 横山武 M⑤⑦⑬ 460 人気5 中位一杯 大差 370中390 プログノーシス 2015 3.3	4中 9月18日 ⑤セントライト 2 GII 14ﾄ15頭 外2117 56 横山武 S⑩⑨⑨ 460 人気1 脚余す 1¾ 366外340 レーベンスティ 2114 0.3
3京 11月12日 ④エリザベス 3 牝GI 3ﾄ15頭 外2128 54 川田 S③③③ 484 人気3 好位粘る 1身 371内348 ブレイディヴェ 2126 0.2	4東 10月29日 ⑨天皇賞 2 GI 6ﾄ11頭 1556 58 横山武 M⑩⑩⑩ 468 人気6 後方伸 2½ 366中337 イクイノックス 1552R 0.4	5東 11月5日 ②アルゼン 3 GII 14ﾄ18頭 2301 59 石川 S⑭⑬⑫ 476 人気4 中位伸 1¼ 377中345 ゼッフィーロ 2299 0.2	3京 11月12日 ④エリザベ 4 牝GI 11ﾄ15頭 外2129 56 戸崎圭 S⑩⑪⑫ 442 人気4 後方追上 1½ 379中342 ブレイディヴェ 2126 0.3	5中 12月2日 ①ステイヤ 1 GII 7ﾄ16頭 内3454 57 石橋脩 S①①① 504 人気8 逃切る 2½ 379内356 テーオーロイヤ 3458 0.4	5東 11月26日 ⑧ジャパン 10 GI 14ﾄ18頭 2236 58 和田竜 H⑥⑥⑥ 494 人気8 好位一杯 11¾ 378外347 イクイノックス 2218 1.8	5東 11月26日 ⑧ジャパン 4 GI 5ﾄ18頭 2227 58 戸崎圭 H⑥⑥⑥ 504 人気3 伸一息 5¾ 378中337 イクイノックス 2218 0.9	5東 11月26日 ⑧ジャパン 5 GI 3ﾄ18頭 2231 58 横山和 H②②② 476 人気4 先行一息 7¾ 366内350 イクイノックス 2218 1.3	3福 11月12日 ④福島記念 1 GIII 6ﾄ16頭 2009 54 田辺 H⑫⑧③ 450 人気3 直抜出 ハナ 362中361 ダンディズム 2009 0.0	11月4日 BCターフ 3 GI 良 11頭 2245 57 Cデムーロ ⑥⑤⑤ サンタアニタ アメリカ 中位伸 1¼ オーギュストロ 2243 0.2	2京 10月22日 ⑦菊花賞 3 GI 14ﾄ17頭 外3040 57 横山武 S⑫⑫⑧ 464 人気1 中位伸 5身 383外351 ドゥレッツァ 3031 0.9

21年　エフォーリア　　　　　1着（秋天3番人気1着）
22年　イクイノックス　　　　1着（秋天1番人気1着）
23年　ドゥデュース　　　　　1着（秋天2番人気7着）

今回は、ドゥデュースが唯一の該当馬だった。本当に申しわけない。

ジョッキーの好き嫌いはやめましょう！

紅顔の美少年だった武豊騎手も、今年の3月で55歳。

騎手としてはもう若くないが、23年の連対率が26.7%。ルメさん、川田騎手に次いで関西の第3位をキープしている。

連対率が26%なら4回に1回は2着以内に来ているわけで、これを苦手という理由だけで切っていてはダメだろう。

そこで、冒頭の「武アレルギーの克服」を宣言し、今年の目標とした。

普通の人から見たら、「なんじゃ、それ?」程度の低レベルな目標かもしれないが、自分とっては高い壁。生半可には行かないが、これだけは克己心で達成したいと決めた。

ところで、カバーや馬柱に添付の写真は事務所スタッフのK君の馬券。彼は武豊騎手の＋15馬（後述）で宝塚記念の勝ち馬で、タイトルホルダーからきっちり的中。

武アレルギーもなく、3連複を1万1000円分的中、その他の馬券と合わせて、23年の有馬も約100万円を手にしていた。

相変わらず馬券上手。やはり、騎手の好き嫌いは直さないといけないなあ……。

結果として、ジャパンCの1着イクイノックス、2着リバティアイランドが回避して、JCの3着・4着・5着馬が、有馬記念で馬券の結果となった。

K君曰く、「この3頭はJCと有馬でまったく同じ3枠・8枠・4枠にいて、どうにも怪しかったんですよねー」だって。

それを早くいってよーとも思ったが、あまりひねらない、少年のようなピュアな見方も大切なのかもしれない。

「川田騎手の方式」など、継続中のGⅠ・重賞パターン

さて、ここからはいつものように現在進行形のパターンをいくつか紹介して行こう。毎週の最新データはネット会員で随時公開しているので、興味ある方は巻末ページを参照していただきたい。

●ルメさんで炸裂したパターン【自身の逆番か、その隣馬】が川田騎手で復活！

川田騎手がメイン（特に古馬戦）に出てきたら、目をつむって川田騎手の逆番とその隣馬を押さえること。

超人気薄でも飛んでくる。

具体的には、仮に川田騎手が⑤番なら、大外から４、５、６番目の馬が候補となる。例えば「16頭立て·川田⑤番」なら「⑪、⑫、⑬番の馬が対象」ということだ。

これもジャパンＣから始まっている。有馬記念の出馬表で川田騎手かルメール騎手が相互指名だと書いたのは、これが理由だ。

圧巻はチャンピオンズＣの逆10番ウィルソンテソーロの２着で、１番人気のレモンポップとでも馬連２万馬券。３連単は190万馬券となった。

年が明けて、シンザン記念のウォーターリヒトは17番人気。ご覧のように３番人気もあるが、だいたいは５番人気以降の美味しい馬なのもありがたい。

▼23年

ジャパンＣ　　川田・正１番
→逆２番スターズオンアース（３着・５番人気）

チャンピオン　川田・正９番
→逆９番ウィルソンテソーロ（２着・12番人気）

2023年12月３日・中京11Ｒチャンピオンズ C（ＧⅠ、ダ1800m）

馬番	馬名	性齢	斤量	騎手	調教師
1	メイクアリープ	牡4	58	幸	大根田
2	メイショウハリオ	牡6	58	浜中	岡田
3	ジオグリフ	牡4	58	ビュイック	木村
4	テーオーケインズ	牡6	58	松山	高柳大
5	ドゥラエレーデ	牡3	57	ムルザバエフ	池添学
6	グロリアムンディ	牡5	58	ルメール	大久保龍
7	ウィルソンテソーロ	牡4	58	原	小手川
8	アーテルアストレア	牝4	56	横山武	橋口慎
9	クラウンプライド	牡4	58	川田	新谷
10	ノットゥルノ	牡4	58	松若	音無
11	ハギノアレグリアス	牡6	58	岩田望	四位
12	セラフィックコール	牡3	57	Mデムーロ	寺島
13	ケイアイシェルビー	牡5	58	藤懸	平田
14	アイコンテーラー	牝5	56	モレイラ	河内
15	レモンポップ	牡5	58	坂井	田中博

馬連 29040 円　3連複 469320 円　3連単 1902720 円

川田騎手⑨クラウンプライド＝正９番　→　逆番対象は逆８番・９番・10 番　→　逆９番⑦ウィルソンテソーロ（12 番人気）２着！

	⑮	⑭	⑬	⑫	⑪	⑩	⑨	⑧	⑦	⑥	⑤	④	③	②	①	←[馬番]
	15	14	13	12	11	10	9	8	7	6	5	4	3	2	1	←[正番]
[逆番]→	1	2	3	4	5	6	7	8	9	10	11	12	13	14	15	

2024年１月８日・京都11Ｒシンザン記念（ＧⅢ、芝1600ｍ）

馬番	枠	馬名	父	母	斤量・性齢	騎手	厩舎	賞金	馬主	生産者
18	桃8	メイショウサチダケ	アドミラブル	メイショウハバネラ	57 牡3	和田竜	鈴木孝	400 / 1100	松本好雄	三嶋牧場
17	桃8	ナイトスラッガー	ルーラーシップ	トーホウアマポーラ	57 牡3	モリス	小栗	400 / 840	東豊物産	竹島幸治
16	桃8	ショーマンフリート	スワーヴリチャード	スカイフ	57 牡3	戸崎圭	手塚	400 / 720	星野壽市	ノーザンF
15	橙7	フェリーニ	ドレフォン	リミニ	57 牡3	松山	樋口	400 / 550	ライオンRH	ノーザンF
14	橙7	ウォーターリヒト	ドレフォン	ウォーターピオニー	57 牡3	幸	河内	400 / 902	山岡正人	服部牧場
13	橙7	エコロブルーム	ダイワメジャー	シュガーショック	57 牡3	ルメール	加藤征	400 / 730	原村正紀	ノーザンF
12	緑6	ケープパール	ブリックスアンドモルタル	ハナレイムーン	55 牝3	藤岡康	友道	400 / 880	金子真人HD	社台F
11	緑6	シトラール	スワーヴリチャード	ジンジャーパンチ	57 牡3	ルメートル	荻原	400 / 950	キャロットF	ノーザンF
10	黄5	バレルターン	リオンディーズ	ビエリーナ	57 牡3	西村淳	茶木	400 / 840	キャロットF	白老F
9	黄5	アルトゥーム	モーリス	ブロンシェダーム	57 牡3	藤岡佑	須貝尚	400 / 720	サンデーR	ノーザンF
8	青4	ゼルトザーム	ヘニーヒューズ	ロザリウム	57 牡3	北村友	加用	2000 / 4570	宮川純造	富田牧場
7	青4	タイキヴァンクール	エイシンヒカリ	タイキキララ	57 牡3	浜中	中尾秀	400 / 950	大樹ファーム	ビクトリーHR
6	赤3	ラーンザロープス	キズナ	キャンディネバダ	55 牡3	横山典	武幸	400 / 947	吉田照哉	社台F
5	赤3	ノーブルロジャー	パレスマリス	ノーブルレディ	57 牡3	川田	吉岡	400 / 720	ノルマンディーTR	アメリカ
4	黒2	デルシエロ	レイデオロ	ネオヴァネクト	57 牡3	坂井	清水久	400 / 1520	白石明日香	岡田S
3	黒2	タイセイレスポンス	ミッキーアイル	チャイマックス	57 牡3	Mデムーロ	安田翔	400 / 1490	田中成奉	ノーザンF
2	白1	ノボリショウリュウ	リアルスティール	スウィングダンス	57 牡3	角田河	石橋	400 / 720	原田豊	杵臼牧場
1	白1	テイエムリステット	モーリス	シーズアウーマン	57 牡3	酒井	木原	400 / 690	竹園正繼	グランド牧場

着順：1着 ⑤、2着 ⑬、3着 ⑭

馬連 930 円　3連複 50030 円　3連単 216260 円

川田騎手⑤ノーブルロジャー＝正5番（1着）→ 逆番対象は逆4番・5番・6番 → 逆6番⑬エコロブルーム（1番人気）2着、逆5番⑭ウォーターリヒト（17 番人気）3着！

	⑱	⑰	⑯	⑮	⑭	⑬	⑫	⑪	⑩	⑨	⑧	⑦	⑥	⑤	④	③	②	①	←［馬番］
	18	17	16	15	14	13	12	11	10	9	8	7	6	5	4	3	2	1	←［正番］
［逆番］→	1	2	3	4	5	6	7	8	9	10	11	12	13	14	15	16	17	18	

有馬記念　　　川田・正１番
　　　　　　　→逆１番スターズオンアース（２着・７番人気）

▼24年

京都金杯　　　川田・正17番
　　　　　　　→逆17番コレペティトール（１着・８番人気）

すばるＳ　　　川田・正13番
　　　　　　　→逆14番サンライズアムール（３着・３番人気）

シンザン記念　川田・正５番
　　　　　　　→逆６番エコロブルーム　（２着・１番人気）
　　　　　　　→逆５番ウォーターリヒト（３着・17番人気）

愛知杯　　　　川田・正12番
　　　　　　　→逆12番タガノパッション（２着・８番人気）

日経新春杯　　川田・正14番
　　　　　　　→逆15番サトノグランツ（３着・３番人気）

石清水Ｓ　　　川田・正８番
　　　　　　　→逆７番トランキリテ（１着・５番人気）

本書の締め切りギリギリまで結果を観察したところ、ここまでは完璧。

以前のルメさんのパターンとまったく同じ方式となっている。

よく連対するルメさんや川田騎手の人気馬に注目させておいて、そっと反対側の人気薄を走らせる。

まるで手品のミスディレクションのようでもある。前回は、時々のハズレを挟みながらも、1年近く使われ続けた。今回も長期稼働に期待したい。とりあえず、川田騎手が出てきたら、その反対側に注目してみよう。

●ＧＩは武豊騎手自身か、その± 15 馬が1着か3着

次に、Ｋ君が有馬記念でタイトルホルダーを選んだ理由のひとつがこれ。文中でも何度か出てきたが、「ＧＩは武豊騎手自身か、± 15 馬が１着か３着」という方式。今のところ、２着がないので、３連単の１着付けか３着

付けで固定してもいいだろう。

▼23年

オークス	−15馬ドゥーラ	3着
ダービー	+15馬ハーツコンチェルト	3着
安田記念	+15馬ソングライン	1着
宝塚記念	+15馬ジャスティンパレス	3着
スプリンター	−15馬ナムラクレア	3着
秋華賞	−15馬ハーパー	3着
菊花賞	−15馬ドゥレッツァ	1着
朝日ＦＳ	−15馬ジャンタルマンタル	1着
有馬記念	+15馬タイトルホルダー	3着
ホープフルＳ	+15馬レガレイラ	1着

●グランプリＧＩに川田騎手が騎乗すると±77馬が馬券

21年・有馬記念	+77馬クロノジェネシス	1着
22年・宝塚記念	+77馬ユニコーンライオン	2着
22年・有馬記念	−77馬ボルドグフーシュ	2着
23年・宝塚記念	−77馬イクイノックス	1着
23年・有馬記念	−77馬タイトルホルダー	3着

●ＧＩは正逆1番か6番が連対中

これもピュアな見方をすれば簡単なパターン。。だいたい半年ほどでパターンが変化するので、常に数字を書き出して新しい流れをつかんでほしい。早く気がつけば、それだけ美味しい思いができる。

▼23年

安田記念	逆1番ソングライン	1着
宝塚記念	正6番スルーセブンシーズ	2着
スプリンター	正6番ママコチャ	1着

秋華賞	正６番リバティアイランド	１着
菊花賞	逆１番ドゥレッツア	１着
天皇賞（秋）	正６番ジャスティンパレス	２着
エリ女王杯	正１番ブレイディヴェーグ	１着
マイルＣＳ	逆１番ナミュール	１着
ジャパンＣ	正１番リバティアイランド	２着
チャンピオン	逆１番レモンポップ	１着
阪神ＪＦ	正６番ステレンボッシュ	２着
朝日杯ＦＳ	正１番エコロヴァルツ	２着
有馬記念	逆１番スターズオンアース	２着
ホープフルＳ	逆６番レガレイラ	１着

実に単純だが、13連続連対は凄い！

●ＧⅠは正逆85番か91番が馬券

こちらは前記「ＧⅠは正逆１番か６番が連対中」の補完数字。重なればより強くなり、重ならなければ前記とVSで狙える。

▼23年

安田記念	逆91番ソングライン	１着
宝塚記念	正91番イクイノックス	２着
スプリンター	逆91番ママコチャ	１着
秋華賞	逆85番リバティアイランド	１着
菊花賞	正85番ドゥレッツア	１着
天皇賞（秋）	逆91番プログノーシス	３着
エリ女王杯	正91番ブレイディヴェーグ	１着
マイルＣＳ	正85番ジャスティンカフェ	３着
ジャパンＣ	正91番リバティアイランド	２着
チャンピオン	逆91番レモンポップ	１着
阪神ＪＦ	逆85番ステレンボッシュ	２着

朝日ＦＳ	逆85番エコロヴァルツ	２着
有馬記念	正85番ドゥデュース	１着
ホープフルＳ	正85番レガレイラ	１着

●23年チャンピオンズC以降のＧＩは、正逆204番が3着以内

有馬記念では、ここからも逆204番のドゥデュースが浮上していたのだが……。

▼23年

チャンピオン	逆204番ウィルソンテソーロ	２着
阪神ＪＦ	正204番ステレンボッシュ	２着
朝日杯ＦＳ	逆204番エコロヴァルツ	２着
中山大障害	逆204番エコロデュエル	３着
有馬記念	逆204番ドウデュース	１着
ホープフルＳ	逆204番レガレイラ	１着

●当日当競馬場の1レースの連対枠をメインのＧＩで狙え

ＧＩは１Ｒと連動中。

▼23年

スプリンター	中山１Ｒ・３枠２着	
	→３枠ママコチャ	１着
秋華賞	京都１Ｒ・４枠２着	
	→４枠マスクトディーヴァ	２着
菊花賞	京都１Ｒ・４枠１着	
	→４枠タスティエーラ	２着
天皇賞（秋）	東京１Ｒ・６枠２着	
	→６枠イクイノックス	１着
エリ女王杯	京都１Ｒ・１枠１着	
	→１枠ブレイディヴェーグ	１着

当日当馬場の１Ｒとメイン G Ｉとの連対枠リンク例

●2023年12月28日・中山

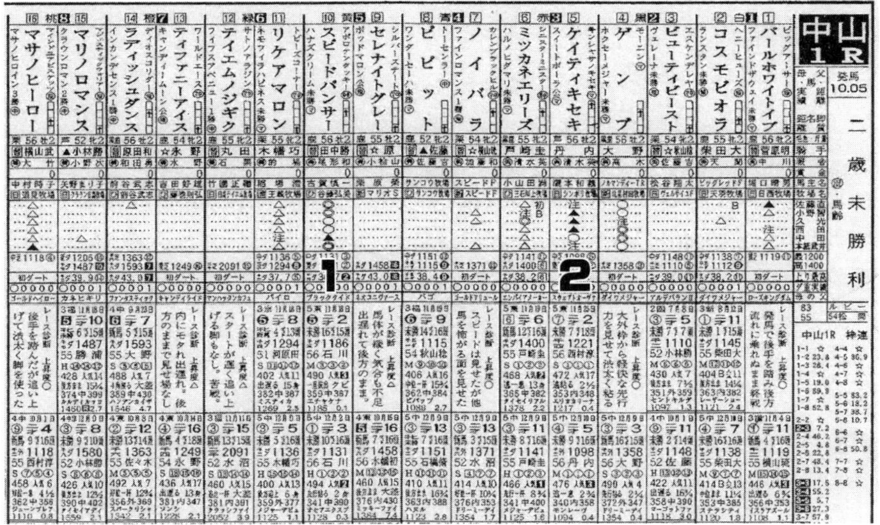

中山 1R 発馬 10.05 二歳未勝利

枠	馬番	馬名
1	1	バールホワイトイブ
1	2	コスモビオラ
2	3	ビューティビースト
2	4	ゲンプ
3	5	ケイティキセキ
3	6	ミツカネエリーズ
4	7	ノイバラ
4	8	ピピット
5	9	セレナイトグレー
5	10	スピードバンサー
6	11	リケアマロン
6	12	テイエムノジギク
7	13	ティファニーアイス
7	14	ラディッシュダンス
8	15	マリノロマンス
8	16	マサノヒーロー

1Rで3枠⑤番ケイティキセキが連対（2着）

メインのホープフルSで3枠⑥番シンエンペラーが連対（2着）

中山 11R WIN5③ 発馬 15.40 第40回 ホープフルステークス GⅠ

枠	馬番	馬名
1	1	ゴンバデカーブース
1	2	ヴェロキラプトル
2	3	アンモシエラ
2	4	アドミラルシップ
3	5	サンライズジパング
3	6	シンエンペラー
4	7	テンエースワン
4	8	インザモーメント
5	9	タリフライン
5	10	シリウスコルト
6	11	ショウナンラプンタ
6	12	ディスペランツァ
7	13	レガレイラ
7	14	ホルトバージ
7	15	ウインマクシマム
8	16	センチュリボンド
8	17	サンライズアース（出走取消）
8	18	ミスタージーティー

マイルＣＳ　　京都１Ｒ・１枠１着
　　　　　　　→１枠ソウルラッシュ　　　２着
ジャパンＣ　　東京１Ｒ・１枠１着
　　　　　　　→１枠イクイノックス　　　１着
チャンピオン　中京１Ｒ・３枠１着
　　　　　　　→３枠ドゥラエレーデ　　　３着
阪神ＪＦ　　　阪神１Ｒ・３枠１着
　　　　　　　→３枠ステレンボッシュ　　２着
朝日杯ＦＳ　　阪神１Ｒ・３枠２着
　　　　　　　→３枠タガノエルピーダ　　３着
有馬記念　　　中山１Ｒ・２枠１着
　　　　　　　→２枠タイトルホルダー　　３着
ホープフルＳ　中山１Ｒ・３枠２着
　　　　　　　→３枠シンエンペラー　　　２着

●中山の「記念」3重賞は正逆44番

これも有馬記念では⑤ドウデュースを指名していた……涙。

▼21年
中山記念　　　　　逆44番ウインイクシード　３着
セントライト記念　正44番アサマノイタズラ　１着
有馬記念　　　　　逆44番ディープボンド　　２着
▼22年
中山記念　　　　　逆44番パンサラッサ　　　１着
セントライト記念　逆44番ガイアフォース　　１着
有馬記念　　　　　逆44番ジェラルディーナ　３着
▼23年
中山記念　　　　　逆44番ラーグルフ　　　　２着
セントライト記念　正44番ソールオリエンス　２着

有馬記念　　　　　逆44番ドゥデュース　　　1着

弥生賞ディープインパクト記念は、元々の「賞」レースに分類してあるが、ここでも23年は正44番トップナイフが2着に入っている。

●「記念」GⅠは正逆5番か6番が候補

▼22年

安田記念	逆6番ソングライン	1着
宝塚記念	正6番タイトルホルダー	1着
有馬記念	正5番ジェラルディーナ	3着

▼23年

高松宮記念	逆6番ファストフォース	1着
安田記念	逆5番シュネルマイスター	3着
宝塚記念	正5番イクイノックス	1着
有馬記念	正5番ドウデュース	1着

出走するたびに狙いが決まるサイン馬

●スターズオンアース自身もサイン馬

スターズオンアースの±160馬が馬券になる。16頭立てなら1頭指名で自己指名。ここからも有馬記念はルメさんを軸にできたのに……。

新馬	±160馬	自身	2着
未勝利	+160馬	シャノワール	3着
赤松賞	+160馬	ナミュール	1着
フェアリーS	±160馬	自身	2着
クイーンC	±160馬	自身	2着
桜花賞	+160馬	自身	1着
オークス	−160馬	スタニングローズ	2着
秋華賞	±160馬	ナミュール	2着

大阪杯	± 160 馬	自身	２着
ヴィクトリア	± 160 馬	自身	３着
ジャパンＣ	− 160 馬	リバティアイランド	２着
有馬記念	± 160 馬	自身	２着

●圧巻！ソールオリエンスの＋ 180 馬が連対中

これも有馬記念はドゥデュース指名。６／７で１着馬を指名している。

新馬	＋ 180 馬	自身	１着
京成杯	＋ 180 馬	自身	１着
皐月賞	＋ 180 馬	自身	１着
ダービー	＋ 180 馬	自身	２着
セントライト記念	＋ 180 馬	レーベンスティール	１着
菊花賞	＋ 180 馬	ドゥレッツア	１着
有馬記念	＋ 180 馬	ドゥデュース	１着

●ドウデュースが出走なら正逆 469 番の２頭が候補

新馬戦から有馬記念まですべて連対の凄まじさ。16 頭では正逆５番。有馬記念ではドゥデュースかウインマリリンだった。

弥生賞からは同時に 181 番も７戦続けて馬券になっていて、有馬記念も正 181 番が１着になっている。

新馬	逆 469 番	自身	１着
アイビーＳ	逆 469 番	自身	１着
朝日杯ＦＳ	正 469 番	セリフォス	２着
弥生賞	正 469 番	自身	２着
皐月賞	逆 469 番	イクイノックス	２着
ダービー	逆 469 番	イクイノックス	２着
京都記念	正 469 番	マテンロウレオ	２着
天皇賞（秋）	正 469 番	イクイノックス	１着

ジャパンＣ　正469番　リバティアイランド　２着
有馬記念　正469番　自身　１着

●タスティエーラが出走なら正逆565番が馬券、今のところ2着ナシ

新馬　逆565番　自身　１着
共同通信杯　正565番　ダノンザタイガー　３着
弥生賞　逆565番　自身　１着
皐月賞　正565番　ファントムシーフ　３着
ダービー　逆565番　自身　１着
菊花賞　逆565番　ソールオリエンス　３着
有馬記念　正565番　ドウデュース　１着

●シャフリヤールが出走なら±18馬が3着以内

今のところ－18馬が馬券に。３／５で自身が絡んでいる。23年末に引退も囁かれたが、24年も現役続行。まだまだ頑張ってもらいたい。

▼22年（国内のみ）

ジャパンＣ　±18馬シャフリヤール　３着
天皇賞（秋）－18馬ダノンベルーガ　３着

▼23年（国内のみ）

ジャパンＣ　±18馬シャフリヤール　２着
札幌記念　－18馬シャフリヤール　３着
有馬記念　－18馬ドゥデュース　１着

●ＧＩは前走5着馬か、その隣馬を狙え

▼23年

ジャパンＣ　前走５着馬⑱番
→①リバティアイランド　２着
チャンピオン　前走５着馬⑦番

→⑦ウィルソンテソーロ　２着

朝日杯ＦＳ　前走５着馬②番

→③ジャンタルマンタル　１着

有馬記念　前走５着馬④番

→⑤ドゥデュース　１着

ホープフルＳ　前走５着馬⑭

→⑬レガレイラ　１着

●ＧＩは松岡正海騎手の±９馬が馬券、18頭立てなら1頭指名

▼22年

秋華賞　－９馬⑧ナミュール　２着

エリ女王杯　±９馬⑱ジェラルディーナ　１着

▼23年

ヴィクトリア　－９馬⑯ソダシ　２着

阪神ＪＦ　±９馬⑩コラソンビート　３着

ホープフルＳ　±９馬⑥シンエンペラー　２着

●坂井瑠星騎手の±516馬が馬券

少し数字は大きいが。継続が長く、威力もあるので掲載。マイナス方向が多用されている。坂井騎手は、急に重用され始めたが、こういう騎手は自身も来るが〝サイン騎手〟であることが多い。16頭立てなら坂井騎手の±４馬。17頭と18頭立てなら±６馬が候補になる。

▼23年

オークス　＋516馬ドゥーラ　３着

ダービー　－516馬ソールオリエンス　２着

安田記念　－516馬シュネルマイスター　３着

宝塚記念　－516馬ジャスティンパレス　３着

スプリンター　－516馬ママコチャ　１着

秋華賞	＋516馬マスクトディーヴァ	2着
菊花賞	－516馬ドゥレッツァ	1着
エリ女王杯	－516馬ハーパー	3着
マイルＣＳ	－516馬ソウルラッシュ	2着
阪神ＪＦ	－516馬ステレンボッシュ	2着
朝日杯ＦＳ	－516馬エコロヴァルツ	2着
有馬記念	－516馬ドウデュース	1着
ホープフルＳ	－516馬シンエンペラー	2着

●中山のＧⅡは正逆134番が候補、6／7で連対

▼23年

日経賞	正134番タイトルホルダー	1着
ニュージーランド	正134番シャンパンカラー	3着
紫苑Ｓ	逆134番ヒップホップソウル	2着
セントライト記念	正134番ソールオリエンス	2着
オールカマー	逆134番タイトルホルダー	2着
ステイヤーズＳ	逆134番テーオーロイヤル	2着
ＡＪＣＣ	逆134番チャックネイト	1着

●古馬ＧⅠは正逆181番が馬券

▼23年

天皇賞（秋）	逆181番イクイノックス	1着
エリ女王杯	正181番ブレイディヴェーグ	1着
マイルＣＳ	正181番ジャスティンカフェ	3着
ジャパンＣ	正181番リバティアイランド	2着
チャンピオン	逆181番レモンポップ	1着
有馬記念	正181番ドウデュース	1着

第2章

GⅠ【連対馬】的中予言

2024年高松宮記念〜スプリンターズS

GI 高松宮記念

2024年3月24日　中京芝1200m（4歳上）

正逆 10番 11番

福島記念	高松宮記念
2019年【逆8番】2着	➡ 2020年【正8番】グランアレグリア　2着
2020年【逆14番】1着	➡ 2021年【正14番】ダノンスマッシュ　1着
2021年【逆9番】1着	➡ 2022年【正9番】ロータスランド　2着
2022年【逆15番】1着	➡ 2023年【正15番】ナムラクレア　2着
2023年【逆11番】1着 【逆10番】2着	➡ **2024年【正逆10番、11番】**

馬番	枠	馬名	父	母	斤量・性齢	騎手	調教師	賞金	総賞金	馬主	生産者
18	桃8	ウインマーベル	アイルハヴアナザー	コスモマーベラス 7勝	58 牡4	松山	深山	8450	17,792	ウイン	コスモヴューF
17	桃8	ボンボヤージ	ロードカナロア	ディープインアスク 未勝	56 牝6	川須	梅田智	4450	9553	廣崎利洋	ASK STUD
16	桃8	グレナディアガーズ	フランケル	ウェイヴェルアベニュー 加	58 牡5	岩田望	中内田	9350	22,347	サンデーR	ノーザンF
15	橙7	ナムラクレア	ミッキーアイル	サンクイーンII 米	56 牝4	浜中	長谷川	7950	23,030	奈村睦弘	谷川牧場
14	橙7	トウシンマカオ	ビッグアーサー	ユキノマーメイド 4勝	58 牡4	鮫島駿	高柳瑞	5800	12,470	サトー	服部牧場
13	橙7	㊞ファストフォース	ロードカナロア	ラッシュライフ 2勝	58 牡7	団野	西村	6050	13,852	安原浩司	三嶋牧場
12	緑6	アグリ	カラヴァッジョ	オールドタイムワルツ 米	58 牡4	横山和	安田隆	4550	9320	三木正浩	ノーザンF
11	緑6	ピクシーナイト	モーリス	ピクシーホロウ 3勝	58 牡5	戸崎圭	音無	10,800	22,320	シルクR	ノーザンF
10	黄5	オパールシャルム	ダイワメジャー	ジルコニア 3勝	56 牝6	武藤	武藤	3600	11,080	落合幸弘	下河辺牧場
9	黄5	ディヴィナシオン	ヴィクトワールピサ	フギン 4勝	58 牡6	松本	森秀	3250	11,473	一村哲也	高山牧場
8	青4	㊊ロータスランド	ポイントオブエントリー	リトルミスマフェット 米	56 牝6	岩田康	辻野	10,150	22,640	小林英一HD	アメリカ
7	青4	ヴェントヴォーチェ	タートルボウル	ランウェイステップ 公	58 牡6	西村淳	牧浦	8100	17,490	エデンA	下河辺牧場
6	赤3	ナランフレグ	ゴールドアリュール	ケリーズビューティ 公	58 牡7	丸田	宗像	12,950	36,754	村木克成	坂戸節子
5	赤3	メイケイエール	ミッキーアイル	シロインジャー 未勝	56 牝5	池添	武英	14,150	32,000	名古屋競馬	ノーザンF
4	黒2	ダディーズビビッド	キズナ	ケイティーズギフト 1勝	58 牡5	秋山真	千田	4350	14,270	田島大史	上水牧場
3	黒2	キルロード	ロードカナロア	キルシュワッサー 4勝	58 騸8	和田竜	田村	5800	16,940	エンジェルR	天羽禮治
2	白1	ウォーターナビレラ	シルバーステート	シャイニングサヤカ 公	56 牝4	吉田隼	武幸	5100	11,930	山岡正人	伏木田牧場
1	白1	トゥラヴェスーラ	ドリームジャーニー	ジャジャマーチャン 未出	58 牡8	丹内	高橋康	6300	19,315	吉田照哉	社台F

2023年 高松宮記念		
	1着⑬ファストフォース（12番人気）	馬連 7920円
	2着⑮ナムラクレア（2番人気）	3連複 81180円
	3着①トゥラヴェスーラ（13番人気）	3連単 668280円

注目サイン！

前走・香港出走馬の±2馬が連対中
23年は12番人気ファストフォースが優勝！

20年　ノームコア　　　－2馬モズスーパーフレア　1着
21年　ダノンスマッシュ　＋2馬レシステンシア　　2着
22年　レシステンシア　＋2馬ロータスランド　　　2着
23年　ピクシーナイト　＋2馬ファストフォース　　1着

最高齢馬の±4馬が連対中
22年は8番人気ナランフレグが優勝！

20年　ティーハーフ　　＋4馬グランアレグリ　　2着
21年　セイウンコウセイ　＋4馬レイステンシア　2着
22年　ダイメイフジ　　＋4馬ナランフレグ　　　1着
23年　トゥラヴェスーラ　－4馬ナムラフレア　　2着

吉田隼人騎手の±31馬が3着以内
23年は2番人気ナムラクレアが2着

13年　＋31馬ロードカナロア　1着
15年　－31馬ミッキーアイル　3着
18年　－31馬ナックビーナス　3着
21年　＋31馬ダノンスマッシュ　1着
23年　＋31馬ナムラクレア　2着
※14、16、17、19、20、22年は同騎手の騎乗ナシ。

鮫島克駿騎手の±2枠が
16年優勝のビッグアーサーから始まる

16年　＋2枠ビッグアーサー　1着
21年　－2枠インディチャンプ　3着
22年　＋2枠ナランフレグ　1着
23年　＋2枠トゥラヴェスーラ　3着
※17～20年は同騎手の騎乗ナシ。

注目サイン！

馬名2文字目が小文字馬自身か、その隣馬が3着以内
23年は13番人気トゥラヴェスーラ3着で3連単66万馬券！

17年	レッドアリオン	隣馬セイウンコウセイ	1着
18年	ナックビーナス	隣馬レッツゴードンキ	2着
19年	レッツゴードンキ	隣馬ショウナンアンセム	3着
20年	ナックビーナス	隣馬モズスーパーフレア	1着
21年	トゥラヴェスーラ	隣馬ダノンスマッシュ	1着
22年	シャインガーネット	隣馬ナランフレグ	1着
23年	ウォーターナビレラ	隣馬トゥラヴェスーラ	3着

馬名末尾「ス」馬の隣馬が3着以内
20年はモズスーパーフレアが繰り上がり優勝

17年	レッドファルクス	隣馬セイウンコウセイ	1着
18年	ナックビーナス	隣馬レッツゴードンキ	2着
19年	アレスバローズ	隣馬ショウナンアンセム	3着
20年	ナックビーナス	隣馬モズスーパーフレア	1着
22年	サリオス	隣馬ナランフレグ	1着
23年	グレナディアガーズ	隣馬ナムラクレア	2着

※「ズ」も対象。21年は該当馬の出走ナシ。

前走⑨番ゲート馬か、その隣馬が3着以内
19年は17番人気ショウナンアンセム3着で大波乱！

19年	ショウナンアンセム	自身	3着
20年	グルーヴィット	隣馬グランアレグリア	2着
21年	サウンドキアラ	隣馬レシステンシア	2着
	エイティーンガール	隣馬インディチャンプ	3着
23年	ファストフォース	自身	1着

※22年は該当馬の出走ナシ。

GI 大阪杯

2024年3月31日　阪神芝2000m（4歳上）

正逆　7番9番

京王杯スプリングC		大阪杯	
2019年【逆8番】1着	➡	2020年【逆8番】ラッキーライラック	1着
2020年【逆1番】1着	➡	2021年【正1番】モズベッロ	2着
2021年【逆8番】1着	➡	2022年【正8番】ポタジェ	1着
2022年【逆9番】2着	➡	2023年【正9番】ジャックドール	1着
2023年【逆7番】1着 【逆9番】2着	➡	**2024年【正逆7番、9番】**	

16	15	14	13	12	11	10	9	8	7	6	5	4	3	2	1
桃8	桃8	橙7	橙7	緑6	緑6	黄5	黄5	青4	青4	赤3	赤3	黒2	黒2	白1	白1
ディープインパクト	ハービンジャー	ハーツクライ	ジャスタウェイ	ディープインパクト	ドゥラメンテ	ディープインパクト	モーリス	モーリス	ハーツクライ	ドリームジャーニー	ルーラーシップ	モーリス	ディープブリランテ	クロフネ	モーリス
ノースザワールド	ヒンドゥタイムズ	ヒシイグアス	ダノンザキッド	キラーアビリティ	スターズオンアース	ポタジェ	ジャックドール	ラーグルフ	マテンロウレオ	ヴェルトライゼンデ	ワンダフルタウン	ノースブリッジ	モズベッロ	マリアエレーナ	ジェラルディーナ
パスオブドリームズ米	マハーバーラタ1勝	ラリズ英	エピックラヴ愛	キラーグレイシス米	サザンスターズ英	ジンジャーパンチ米	ラヴァリーノ米	アバンドーネ未勝	サラトガヴィーナス3勝	マンデラ独	シーオブラブ未勝	アメージングムーン1勝	ハーランズルビー米	テンダリーヴォイス2勝	ジェンティルドンナ10勝
58 牡5	58 騸7	58 牡7	58 牡5	58 牡4	56 牝4	58 牡6	58 牡5	58 牡4	58 牡4	58 牡6	58 牡5	58 牡5	58 牡7	56 牝5	56 牝5
北村友	池添	松山	横山和	団野	ルメール	坂井	武豊	戸崎圭	横山典	川田	和田竜	岩田康	西村淳	浜中	岩田望
大久保龍	斉藤崇	堀	安田隆	斉藤崇	高柳瑞	友道	藤岡健	宗像	昆	池江寿	高橋忠	奥村武	森田	吉田	斉藤崇
2400	6800	19,530	14,610	6050	15,400	14,600	10,650	6000	5900	11,050	4700	7650	8400	6350	13,100
11,871	19,340	45,450	37,521	13,180	33,840	35,800	26,570	14,800	11,930	37,100	9920	17,170	22,750	15,217	39,320
スリーエイチR	シルクR	阿部雅英	ダノックス	キャロットF	社台RH	金子真人HD	前原敏行	村木隆	寺田千代乃	サンデーR	三田昌宏	井山登	キャピタルS	金子真人HD	サンデーR
下河辺牧場	ノーザンF	ノーザンF	ノーザンF	ノーザンF	社台F	ノーザンF	クラウン日高牧場	スマイルF	猪野毛牧場	ノーザンF	ノーザンF	村田牧場	村田牧場	日高大洋牧場	ノーザンF

2023年 大阪杯			
	1着⑨ジャックドール	（2番人気）	馬連 830円
	2着⑪スターズオンアース	（1番人気）	3連複 8980円
	3着⑬ダノンザキッド	（10番人気）	3連単 31240円

注目サイン！

正逆73番が連対中
今のところ優勝確率が80％！

19年	正73番アルアイン	1着
20年	逆73番クロノジェネシス	2着
21年	正73番レイパパレ	1着
22年	逆73番ポタジェ	1着
23年	正73番ジャックドール	1着

前走1着馬の隣馬が3着以内
23年は10番人気ダノンザキッド3着で3連単3万馬券

18年	ダンビュライト	隣馬スワーヴリチャード	1着
19年	ワグネリアン	隣馬アルアイン	1着
20年	カデナ	隣馬クロノジェネシス	2着
21年	レイパパレ	隣馬コントレイル	3着
22年	アリーヴォ	隣馬ポタジェ	1着
23年	ヒシイグアス	隣馬ダノンザキッド	3着

前走2番人気馬か、その隣馬が3着以内
7年中6年で自身が該当

17年	キタサンブラック	自身	1着
18年	ダンビュライト	隣馬スワーヴリチャード	1着
19年	キセキ	自身	2着
20年	ラッキーライラック	自身	1着
21年	コントレイル	自身	3着
22年	レイパパレ	自身	2着
23年	ジャックドール	自身	1着

川田将雅騎手の±53馬が3着以内
23年は1番人気スターズオンアースが2着

19年	＋53馬アルアイン	1着
20年	＋53馬ダノンキングリー	3着
21年	－53馬コントレイル	3着
22年	－53馬アリーヴォ	3着
23年	＋53馬スターズオンアース	2着

※他に「松山弘平騎手の27隣馬が連対中」「池添謙一騎手の46隣馬が3着以内」も継続中。

注目サイン！

馬名頭文字か末尾が「ス」馬か、その隣馬が3着以内
22年は7番人気アリーヴォが3着、3連単53万馬券！

19年	ブラストワンピース	隣馬キセキ	2着
20年	クロノジェネシス	自身	2着
21年	サリオス	隣馬モズベッロ	2着
22年	ヒシイグアス	隣馬アリーヴォ	3着
23年	ヒシイグアス	隣馬ダノンザキッド	3着

※「ズ」も対象。15年から継続中。

横山典弘騎手の±12馬が3着以内
交互に＋－を繰り返し、24年は＋12馬か？

12年	＋12馬フェデラリスト	2着
16年	－12馬ショウナンパンドラ	3着
18年	－12馬ペルシアンナイト	2着
19年	＋12馬アルアイン	1着
20年	－12馬ダノンキングリー	3着
22年	＋12馬アリーヴォ	3着
23年	－12馬スターズオンアース	2着

※13～15、21年は同騎手の騎乗ナシ。12年から継続中。

武豊騎手か、その隣馬が3着以内
レジェンドと上手くつき合っていきましょう！

14年	キズナ	自身	1着
15年	キズナ	自身	2着
16年	キタサンブラック	自身	2着
17年	キタサンブラック	自身	1着
20年	ロードマイウェイ	隣馬クロノジェネシス	2着
22年	アリーヴォ	自身	3着
23年	ジャックドール	自身	1着

※18、19、21年は同騎手の騎乗ナシ。他に「武豊騎手の隣枠が3着以内」も継続中。

GI 桜花賞

2024年4月7日　阪神芝1600m（3歳牝馬）

正逆　2番10番

デイリー杯2歳S	桜花賞
2019年【正10番】2着	➡ 2020年【逆10番】デアリングタクト　1着
2020年【正１番】2着	➡ 2021年【逆１番】サトノレイナス　2着
2021年【正６番】1着	➡ 2022年【正６番】ウォーターナビレラ　2着
2022年【正10番】1着	➡ 2023年【逆10番】コナコースト　2着
2023年【正２番】1着 【正10番】2着	➡ **2024年【正逆２番、10番】**

馬番	枠	父	馬名	母	斤量	騎手	調教師	賞金	総賞金	馬主	生産者
18	桃8	サトノクラウン	トーセンローリエ	トーセンナチュラル1勝	55 牝3	横山和	小笠	2100	4080	島川隆哉	エスティF
17	桃8	キタサンブラック	ラヴェル	サンブルエミューズ3勝	55 牝3	坂井	矢作	2000	3600	キャロットF	ノーザンF
16	桃8	モーリス	ムーンプローブ	スマイリングムーン4勝	55 牝3	北村友	上村	1950	3720	吉田晴哉	追分F
15	橙7	ジャスタウェイ	ジューンオレンジ	アドマイヤサブリナ3勝	55 牝3	富田	長谷川	400	2219	吉川潤	ヒダカF
14	橙7	モーリス	ペリファーニア	ケイティーズハート3勝	55 牝3	横山武	鹿戸雄	400	2000	キャロットF	ノーザンF
13	橙7	ドゥラメンテ	ドゥーラ	イシス1勝	55 牝3	戸崎圭	高橋康	2000	3730	サイプレスHD	グランデF
12	緑6	ドゥラメンテ	シングザットソング	ザガールインザットソング未	55 牝3	岩田望	高野	3000	6503	社台RH	白老F
11	緑6	サトノダイヤモンド	シンリョクカ	レイカーラ5勝	55 牝3	吉田豊	竹内	1700	3300	由井健太郎	下河辺牧場
10	黄5	ハービンジャー	エミュー	スーリール1勝	55 牝3	松山	和田郎	2750	5452	前田幸治	ノースヒルズ
9	黄5	キタサンブラック	コナコースト	コナブリュワーズ4勝	55 牝3	鮫島駿	清水久	1450	3600	サンデーR	ノーザンF
8	青4	ダノンバラード	キタウイング	キタノリツメイ未勝	55 牝3	杉原	小島茂	3850	7430	ミルF	ミルF
7	青4	キズナ	コンクシエル	ザナ未勝	55 牝3	丸山	清水久	400	1603	前田晋二	ノースヒルズ
6	赤3	リアルインパクト	モズメイメイ	インラグジュアリー未出	55 牝3	和田竜	音無	3500	7230	キャピタルS	社台F
5	赤3	ハーツクライ	ハーパー	セレスタ	55 牝3	ルメール	友道	2250	4500	エムズR	ノーザンF
4	黒2	ルーラーシップ	ドゥアイズ	ローズマンブリッジ2勝	55 牝3	吉田隼	庄野	1750	5640	G1レーシング	ノーザンF
3	黒2	ドゥラメンテ	リバティアイランド	ヤンキーローズ	55 牝3	川田	中内田	4250	8400	サンデーR	ノーザンF
2	白1	ディープインパクト	ライトクオンタム	イルミナント未	55 牝3	武豊	武幸	2400	4700	社台RH	社台F
1	白1	ビッグアーサー	ブトンドール	プリンセスロック3勝	55 牝3	池添	池添学	2600	5000	雅苑興業	ノーザンF

2023年 桜花賞			
	1着③リバティアイランド	（1番人気）	馬連 1280円
	2着⑨コナコースト	（6番人気）	3連複 4750円
	3着⑭ペリファーニア	（5番人気）	3連単 13220円

注目サイン！

アネモネS1着馬の±3馬が連対中
23年はリバティアイランドが劇的優勝！

19 年　ルガールカルム　＋3馬グランアレグリア　1着
20 年　インターミッション　－3馬デアリングタクト　1着
22 年　クロスマジェスティ　－3馬ウォーターナビレラ　2着
23 年　トーセンローリエ　＋3馬リバティアイランド　1着
※ 21 年は該当馬の出走ナシ。

フィリーズレビュー2着馬の±2枠VS±3枠
23年はワンツーで馬連1280円

20 年　ヤマカツマーメイド　－2枠デアリングタクト　1着
　＋3枠スマイルカナ　3着
21 年　ヨカヨカ　＋2枠サトノレイナス　2着
　＋3枠ファインルージュ　3着
22 年　ナムラクレア　＋2枠ウォーターナビレラ　2着
　＋3枠スターズオンアース　1着
23 年　ムーンプローブ　＋2枠リバティアイランド　1着
　－3枠コナコースト　2着

クイーンC1着馬の±2枠が3着以内
23年は6番人気コナコーストが2着

15 年　6枠－2枠　→　4枠クルミナル　2着
16 年　3枠＋2枠　→　5枠アットザシーサイド　3着
17 年　7枠－2枠　→　5枠レーヌミノル　1着
19 年　2枠－2枠　→　8枠シゲルピンクダイヤ　2着
20 年　7枠－2枠　→　5枠デアリングタクト　1着
21 年　3枠－2枠　→　1枠ファインルージュ　3着
22 年　7枠＋2枠　→　1枠ナムラクレア　3着
23 年　3枠＋2枠　→　5枠コナコースト　2着
※ 18 年は該当馬の出走ナシ。

注目サイン！

桜花賞は1枠か2枠が3着以内
23年は白毛のプリンセス・ソダシが優勝

18 年　1枠ラッキーライラック　2着
19 年　2枠グランアレグリア　1着
　　　1枠クロノジェネシス　3着
20 年　2枠スマイルカナ　3着
21 年　2枠ソダシ　1着
　　　1枠ファインルージュ　3着
22 年　1枠ナムラクレア　3着
23 年　2枠リバティアイランド　1着

チューリップ賞2着馬の±2枠が3着以内
今のところ1着はナシ

19 年　シゲルピンクダイヤ　＋2枠クロノジェネシス　3着
20 年　クリヴァシュドール　＋2枠レシステンシア　2着
21 年　エリザベスタワー　＋2枠ファインルージュ　3着
22 年　ピンハイ　－2枠ナムラクレア　3着
23 年　コナコースト　＋2枠ペリファーニア　3着

アネモネS2着馬の±7馬が3着以内
21年はワンツーで馬連670円

21 年　ジネストラ　－7馬ソダシ　1着
　　　＋7馬サトノレイナス　2着
22 年　ラズベリームース　－7馬ウォーターナビレラ　2着
23 年　コンクシェル　＋7馬ペリファーニア　3着
※ 20 年から継続中。

戸崎圭太騎手の±2枠が3着以内
今のところ1着はナシ

16 年　－2枠アットザシーサイド　3着
18 年　＋2枠ラッキーライラック　2着
19 年　＋2枠クロノジェネシス　3着
22 年　＋2枠ナムラクレア　3着
23 年　－2枠コナコースト　2着
※ 17、20、21 年は同騎手の騎乗ナシ。他に「吉田豊騎手の3隣馬が3着以内」も継続中。

J・GI 中山グランドJ

2024年4月13日　中山芝4250m（4歳上障害）

正逆　4番7番

アルテミスS	中山グランドJ	
2019年【逆1番】1着	➡ 2020年【逆1番】メイショウダッサイ	2着
2020年【逆3番】1着	➡ 2021年【逆3番】メイショウダッサイ	1着
2021年【正7番】1着	➡ 2022年【正7番】オジュウチョウサン	1着
2022年【逆1番】1着	➡ 2023年【逆1番】ミッキーメテオ	2着
2023年【正4番】1着 【逆7番】1着	➡ **2024年【正逆4番、7番】**	

枠	桃8	桃8	橙7	橙7	緑6	黄5	青4	赤3	黒2	白1
馬番	10	9	8	7	6	5	4	3	2	1
父	ルーラーシップ	メイショウサムソン	エイシンフラッシュ	キンシャサノキセキ	アドマイヤムーン	ベーカバド	ハーツクライ	ハービンジャー	ヴァンセンヌ	ロードカナロア
馬名	ミッキーメテオ	クリノオウジャ	テーオーソクラテス	ダイシンクローバー	㊞エミーリオ	ビレッジイーグル	スマートアペックス	ニシノデイジー	イロゴトシ	ジューンベロシティ
母	メテオーリカ1勝	ブルーボックスボウ1勝	テーオーヴィーナス1勝	ヒシディーバ未勝	プライムオブユース1勝	トキノナスティア2勝	スマートムービー3勝	ニシノヒナギク未勝	イロジカケ未勝	アドマイヤサブリナ3勝
毛色・斤量・性齢	鹿 63 牡6	鹿 63 牡7	鹿 63 牡6	黒鹿 63 騸7	鹿 63 牡9	黒鹿 63 牡6	青鹿 63 牡6	鹿 63 牡7	鹿 63 牡6	青鹿 63 牡5
騎手	五十嵐	難波	小坂	替森一	上野	大江原	中村	石神	黒岩	西谷誠
厩舎	美西田	栗高橋忠	栗奥村豊	栗安田隆	美田中剛	美竹内	栗中村	美高木	栗牧田	栗武英
賞金	1150	400	3100	1750	400	1900	4000	3700	400	1000
総賞金	6631	6969	7921	9853	5269	7706	14,618	21,580	7500	6106
馬主	野田みづき	栗本守	小笹公也	大八木信行	加藤誠	村山輝雄	大川徹	西山茂行	内田玄祥	吉川潤
生産者	安ノーザンF	浦林孝輝	日ヤナガワ牧場	新カミイスタット	日日高大洋牧場	新川島牧場	日スマート	浦谷川牧場	新本田土寿	浦ヒダカF

2023年	1着②イロゴトシ	（6番人気）	馬連 3520円
中山	2着⑩ミッキーメテオ	（2番人気）	3連複 7760円
グランドJ	3着⑦ダイシンクローバー	（5番人気）	3連単 78090円

注目サイン！

正逆214番が3着以内
今のところ2着ナシの極端傾向

14年　正214番メイショウブシドウ　3着
15年　逆214番アップトゥデイト　1着
16年　逆214番オジュウチョウサン　1着
17年　正214番アップトゥデイト　3着
18年　逆214番ニホンピロバロン　3着
19年　正214番オジュウチョウサン　1着
20年　正214番ブライトクォーツ　3着
21年　正214番メイショウダッサイ　1着
22年　正214番オジュウチョウサン　1着
23年　逆214番ダイシンクローバー　3着

石神深一騎手の－33馬が3着以内
23年は2番人気ミッキーメテオが2着

19年　－33馬オジュウチョウサン　1着
20年　－33馬オジュウチョウサン　1着
21年　－33馬タガノエスプレッソ　3着
22年　－33馬ブラゾンダムール　2着
23年　－33馬ミッキーメテオ　2着
※17年から継続中。

正6番か、その隣馬が3着以内
10年以上続くロングラン・セオリー

12年　コスモソユーズ　隣馬バアゼルリバー　2着
13年　マイネルネオス　隣馬シゲルジュウヤク　3着
14年　コスモソユーズ　隣馬アポロマーベリック　1着
15年　シャイニーブラック　隣馬サンレイデューク　3着
16年　ブライトボーイ　隣馬オジュウチョウサン　1着
17年　アップトゥデイト　隣馬サンレイデューク　2着
18年　オジュウチョウサン　自身　1着
19年　ラピッドシップ　隣馬オジュウチョウサン　1着
20年　オジュウチョウサン　自身　1着
21年　メイショウダッサイ　自身　1着
22年　ケンホファヴァルト　隣馬オジュウチョウサン　1着
23年　エミーリオ　隣馬ダイシンクローバー　3着

注目サイン！

前走2番人気馬の隣馬が3着以内
23年は5番人気ダイシンクローバーが3着以内

16年　サナシオン　　　　隣馬メイショウアラワシ　3着
17年　アップトゥデイト　隣馬サンレイデューク　　2着
18年　ルペールノエル　　隣馬オジュウチョウサン　1着
19年　マイネルプロンプト　隣馬オジュウチョウサン　1着
20年　シングンマイケル　隣馬メイショウダッサイ　2着
21年　スマートアペックス　隣馬メイショウダッサイ　1着
22年　ケンホファヴァルト　隣馬オジュウチョウサン　1着
23年　テーオーソクラテス　隣馬ダイシンクローバー　3着

西谷誠騎手の隣枠が3着以内
23年は6番人気イロゴトシが優勝、単勝1710円

15年　＋1枠サンレイデューク　3着
16年　＋1枠メイショウアラワシ　3着
19年　＋1枠シンキングダンサー　2着
20年　＋1枠オジュウチョウサン　1着
22年　＋1枠マイネルレオーネ　3着
23年　＋1枠イロゴトシ　1着
※17、18、21年は同騎手の騎乗ナシ。

五十嵐雄祐騎手の±62馬が3着以内
21年はメイショウダッサイが優勝

15年　＋62馬サンレイデューク　3着
17年　－62馬オジュウチョウサン　1着
19年　＋62馬シンキングダンサー　2着
20年　－62馬メイショウダッサイ　2着
21年　＋62馬メイショウダッサイ　1着
23年　＋62馬イロゴトシ　1着
※16、18、22年は同騎手の騎乗ナシ。

GI 皐月賞

2024年4月14日　中山芝2000m（3歳）

正逆　4番10番

スプリングS		皐月賞	
2019年【正1番】2着	➡	2020年【正1番】コントレイル	1着
2020年【正7番】1着	➡	2021年【正7番】エフフォーリア	1着
2021年【正14番】1着	➡	2022年【正14番】ジオグリフ	1着
2022年【正1番】1着	➡	2023年【正1番】ソールオリエンス	1着
2023年【正4番】1着 【正10番】2着	➡	**2024年【正逆4番、10番】**	

馬番	枠	馬名	父	母	斤量・性齢	騎手	調教師			馬主	生産者
1	白1	ソールオリエンス	キタサンブラック	スキア仏	57牡3	横山武	手塚	2400	4700	社台RH	社台F
2	白1	ワンダイレクト	ハービンジャー	ワントゥワン5勝	57牡3	藤岡佑	藤岡健	400	2900	青山洋一	社台F
3	黒2	グリューネグリーン	ラブリーデイ	レディーダービー未勝	57牡3	石川	相沢	2000	4000	斎藤光政	本間牧場
4	黒2	ショウナンバシット	シルバーステート	ギエム未出	57牡3	Mデムーロ	須貝尚	2100	4280	国本哲秀	ノーザンF
5	赤3	フリームファクシ	ルーラーシップ	ライツェント未勝	57牡3	レーン	須貝尚	2900	5580	金子真人HD	ノーザンF
6	赤3	ウインオーディン	エピファネイア	ビエナビーナス5勝	57牡3	三浦	鹿戸雄	1000	2190	ウイン	コスモヴューF
7	青4	ファントムシーフ	ハービンジャー	ルパンII米	57牡3	ルメール	西村	3000	7400	ターフS	谷川牧場
8	青4	トップナイフ	デクラレーションオブウォー	ビーウインド未勝	57牡3	横山典	昆	4300	8890	[illegible]	[illegible]牧場
9	黄5	ホウオウビスケッツ	マインドユアビスケッツ	ホウオウサブリナ未出	57牡3	横山和	奥村武	2000	3970	小笹芳央	岡田S
10	黄5	ラスハンメル	シルバーステート	ピンクアリエス未勝	57牡3	石橋脩	松永幹	400	1500	キャロットF	ノーザンF
11	緑6	シャザーン	ロードカナロア	クイーンズリング6勝	57牡3	岩田望	友道	1600	2830	金子真人HD	社台F
12	緑6	ダノンタッチダウン	ロードカナロア	エピッククラヴ豪	57牡3	川田	安田隆	2550	5000	ダノックス	ノーザンF
13	橙7	グラニット	ダノンバラード	インディワタナ1勝	57牡3	嶋田	大和田	1000	2810	ミルF	[illegible]
14	橙7	タスティエーラ	サトノクラウン	パルティトゥーラ3勝	57牡3	松山	堀	3100	6700	キャロットF	ノーザンF
15	橙7	ベラジオオペラ	ロードカナロア	エアルーティーン1勝	57牡3	田辺	上村	3600	7170	林田祥来	社台F
16	桃8	タッチウッド	ドゥラメンテ	アメージングムーン1勝	57牡3	武豊	武幸	1200	2300	吉田和美	村田牧場
17	桃8	メタルスピード	シルバーステート	マイビピアース未勝	57牡3	津村	斎藤誠	900	3178	[illegible]	タバタF
18	桃8	マイネルラウレア	ゴールドシップ	マイネポヌール4勝	57牡3	戸崎圭	宮	1600	2700	ラフィアン	ビッグレッドF

2023年 皐月賞		
	1着①ソールオリエンス（2番人気）	馬連 3510円
	2着⑭タスティエーラ（5番人気）	3連複 3770円
	3着②ファントムシーフ（1番人気）	3連単 24780円

注目サイン！

正逆7番が3着以内
21年は2番人気エフフォーリアが優勝

17年	正7番ペルシアンナイト	2着
18年	正7番エポカドーロ	1着
19年	正7番ヴェロックス	2着
20年	正7番サリオス	2着
21年	正7番エフフォーリア	1着
22年	逆7番ドウデュース	3着
23年	正7番ファントムシーフ	3着

馬名頭文字か末尾「タ」馬か、その隣馬が3着以内
22年は3番人気イクイノックスが2着

17年	ダンビュライト	自身	3着
18年	ダブルシャープ	隣馬サンリヴァル	2着
19年	ダノンキングリー	自身	3着
20年	ビターエンダー	隣馬コントレイル	1着
21年	タイトルホルダー	自身	2着
22年	ダノンベルーガ	隣馬イクイノックス	2着
23年	タスティエーラ	自身	2着

※「ダ」「ター」「ダー」も対象。

M・デムーロ騎手の隣枠が3着以内
23年は2番人気ソールオリエンスが優勝

17年	＋1枠ダンビュライト	3着
18年	＋1枠エポカドーロ	1着
19年	＋1枠ダノンキングリー	3着
20年	＋1枠ガロアクリーク	3着
21年	－1枠タイトルホルダー	2着
22年	＋1枠ドウデュース	3着
23年	－1枠ソールオリエンス	1着

注目サイン！

若葉S1着馬の±2枠が3着以内
23年は1番人気ファントムシーフが3着

16年　アドマイヤダイオウ　－2枠ディーマジェスティ　1着
17年　アダムバローズ　－2枠ダンビュライト　3着
18年　アイトーン　＋2枠ジェネラーレウーノ　3着
19年　ヴェロックス　＋2枠サートゥルナーリア　1着
21年　アドマイヤハダル　＋2枠タイトルホルダー　2着
22年　デシエルト　－2枠ドウデュース　3着
23年　ショウナンバシット　＋2枠ファントムシーフ　3着
※20年は該当馬の出走ナシ。

三浦皇成騎手の23隣馬が3着以内
21年は6番人気ステラヴェローチェが3着

13年　－23馬コディーノ　3着
15年　＋23馬リアルスティール　2着
19年　－23馬ダノンキングリー　3着
21年　－23馬ステラヴェローチェ　3着
22年　－23馬イクイノックス　2着
23年　－23馬ソールオリエンス　1着
※14、16～18、20年は同騎手の騎乗ナシ。

川田将雅騎手の2隣枠が3着以内
22年は5番人気ジオグリフが優勝

16年　－2枠ディーマジェスティ　1着
19年　＋2枠サートゥルナーリア　1着
21年　－2枠ステラヴェローチェ　3着
22年　－2枠ジオグリフ　1着
23年　－2枠ファントムシーフ　3着
※17、18、20年は同騎手の騎乗ナシ。他に「川田将雅騎手の5隣馬が3着以内」「横山典弘騎手の隣馬が3着以内」「田辺裕信騎手の10隣馬が3着以内」も継続中。

GⅠ 天皇賞（春）

2024年4月28日　阪神芝3200m（4歳上）

正逆 6番 7番

天皇賞（秋）	天皇賞（春）
2019年【正９番】2着	➡ 2020年【逆９番】スティッフェリオ　2着
2020年【正６番】2着	➡ 2021年【逆６番】ディープボンド　2着
2021年【正１番】2着	➡ 2022年【逆１番】ディープボンド　2着
2022年【正７番】1着	➡ 2023年【正７番】ディープボンド　2着
2023年【正７番】1着 【正６番】2着	➡ **2024年【正逆６番、７番】**

馬番	枠	父	馬名	母	斤量・性齢	騎手	調教師	賞金	総賞金	馬主	生産者
1	白1	ディープインパクト	ジャスティンパレス	パレスルーマー米	58 牡4	ルメール	杉山晴	8350	20,410	三木正浩	ノーザンF
2	白1	ディープインパクト	ディープモンスター	シスタリーラヴ米	58 牡5	浜中	池江寿	3300	10,600	DMMドリームC	矢野牧場
3	黒2	ドゥラメンテ	タイトルホルダー	メーヴェ 5勝	58 牡5	横山和	栗田徹	38,600	81,300	山田弘	岡田S
4	黒2	オルフェーヴル	メロディーレーン	メーヴェ 5勝	56 牝7	幸	森田	2400	7930	岡田牧雄	岡田S
5	赤3	ディープインパクト	アイアンバローズ	パレスルーマー米	58 牡6	坂井	上村	5000	15,060	猪熊広次	ノーザンF
6	赤3	ディープインパクト	アスクビクターモア	カルティカ	58 牡4	横山武	田村	12,200	30,970	廣崎利洋HD	社台F
7	青4	キズナ	ディープボンド	ゼフィランサス 3勝	58 牡6	和田竜	大久保龍	23,200	55,096	前田晋二	村田牧場
8	青4	ディープインパクト	トーセンカンビーナ	カンビーナ	58 牡7	岩田望	加藤征	3750	12,092	島川隆哉	社台F
9	黄5	オルフェーヴル	ヒュミドール	アヴェクトワ 未勝	58 騸7	武豊	小手川	4850	12,355	サンライズ	宮内牧場
10	黄5	ジャングルポケット	サンレイポケット	アドマイヤパンチ 未勝	58 牡8	Mデムーロ	高橋忠	4450	25,930	永井啓弐	[illegible]
11	緑6	ディープインパクト	ディアスティマ	スウィートリーズン米	58 牡6	北村友	高野	3800	11,950	サンデーR	ノーザンF
12	緑6	ノヴェリスト	ブレークアップ	リトルジエン 未勝	58 牡5	松山	吉岡	5250	14,090	阿部東亜子	谷川牧場
13	橙7	スクリーンヒーロー	ボルドグフーシュ	ボルドグザグ仏	58 牡4	川田	宮本	13,850	30,740	社台RH	社台F
14	橙7	ハーツクライ	マテンロウレオ	サラトガヴィーナス 3勝	58 牡4	横山典	昆	5900	14,930	寺田千代乃	覚野牧場
15	桃8	ガルボ	エンドロール	トウファーアウェイ 未出	58 牡4	永野	青木	1500	4330	石川秀守	白井吉美
16	桃8	オルフェーヴル	シルヴァーソニック	エアトゥーレ 6勝	58 牡7	レーン	池江寿	15,380	37,663	社台RH	社台F
17	桃8	ステイゴールド	アフリカンゴールド	ブリクセン米	58 騸8	国分恭	西園正	6300	17,775	ゴドルフィン	ダーレージャパンF

2023年 天皇賞（春）		
	1着①ジャスティンパレス（2番人気）	馬連 4000円
	2着⑦ディープボンド（5番人気）	3連複 13570円
	3着⑯シルヴァーソニック（6番人気）	3連単 65060円

注目サイン！

前走1着馬が3着以内
19年以外は、日経賞か阪神大賞典の1着馬を起用

13年　フェノーメノ　1着（日経賞1着）
14年　ウインバリアシオン　2着（日経賞1着）
15年　ゴールドシップ　1着（阪神大賞典1着）
16年　シュヴァルグラン　3着（阪神大賞典1着）
17年　サトノダイヤモンド　3着（阪神大賞典1着）
18年　レインボーライン　1着（阪神大賞典1着）
19年　グローリーヴェイズ　2着（日経新春杯1着）
20年　ミッキースワロー　3着（日経賞1着）
21年　ディープボンド　2着（阪神大賞典1着）
22年　タイトルホルダー　1着（日経賞1着）
ディープボンド　2着（阪神大賞典1着）
23年　ジャスティンパレス　1着（阪神大賞典1着）

天皇賞（春・秋）は正逆273番が3着以内
23年は2番人気ジャスティンパレスが優勝

20年　天皇賞秋　正273番アーモンドアイ　1着
21年　天皇賞春　正273番ワールドプレミア　1着
天皇賞秋　正273番コントレイル　2着
22年　天皇賞春　逆273番タイトルホルダー　1着
天皇賞秋　正273番パンサラッサ　2着
23年　天皇賞春　正273番ジャスティンパレス　1着
天皇賞秋　正273番プログノーシス　3着

正逆1番が連対中
最内か大外の馬に注目を！

20年　逆1番フィエールマン　1着
21年　正1番ワールドプレミア　1着
22年　逆1番ディープボンド　2着
23年　正1番ジャスティンパレス　1着

注目サイン！

正逆34番が3着以内
20年は11番人気スティッフェリオ2着、馬連5770円！

19年　正34番パフォーマプロミス　3着
20年　正34番スティッフェリオ　2着
21年　逆34番ワールドプレミア　1着
22年　正34番ディープボンド　2着
23年　逆34番ジャスティンパレス　1着

馬名末尾「ル」馬か、その隣馬が3着以内
16、17年はキタサンブラックが連覇

16年	トゥインクル	隣馬キタサンブラック	1着
17年	スピリッツミノル	隣馬キタサンブラック	1着
18年	サトノクロニクル	隣馬シュヴァルグラン	2着
19年	ユーキャンスマイル	隣馬フィエールマン	1着
20年	ユーキャンスマイル	隣馬スティッフェリオ	2着
21年	カレンブーケドール	自身	3着
22年	テーオーロイヤル	自身	3着
23年	エンドロール	隣馬シルヴァーソニック	3着

和田竜二騎手の±43馬が3着以内
23年は6番人気シルヴァーソニックが3着

19年　＋43馬パフォーマプロミス　3着
20年　＋43馬フィエールマン　1着
21年　－43馬カレンブーケドール　3着
22年　＋43馬テーオーロイヤル　3着
23年　＋43馬シルヴァーソニック　3着

川田将雅騎手の±80馬が3着以内
22年は4番人気テーオーロイヤルが3着

20年　－80馬スティッフェリオ　2着
21年　＋80馬ディープボンド　2着
22年　＋80馬テーオーロイヤル　3着
23年　－80馬ジャスティンパレス　1着

※他に「幸英明騎手の隣枠が３着以内」も継続中。

GI NHKマイルC

2024年5月5日　東京芝1600m（3歳）

正逆　2番10番

京成杯オータムH	NHKマイルC
2019年【正11番】2着	➡ 2020年【正11番】ラウダシオン　1着
2020年【正10番】1着	➡ 2021年【正10番】ソングライン　2着
2021年【正1番】1着	➡ 2022年【逆1番】ダノンスコーピオン　1着
2022年【正11番】1着	➡ 2023年【正11番】シャンパンカラー　1着
2023年【正2番】1着 【正10番】2着	➡ **2024年【正逆2番、10番】**

馬番	枠	父	馬名	母（成績）	斤量・性齢	騎手	厩舎	賞金	総賞金	馬主	生産者
1	白1	ボルトドーロ	(外)フロムダスク	フーリッシュコーズ 米	57 牡3	横山和	森秀	1150	2700	藤田晋	アメリカ
2	白1	エピファネイア	モリアーナ	ガルデルスリール 2勝	55 牝3	横山典	武藤	1000	4040	高橋文男	ノーザンF
3	黒2	ロードカナロア	ウンブライル	ラルケット 4勝	55 牝3	横山武	木村	2100	4500	サンデーR	ノーザンF
4	黒2	マインドユアビスケッツ	ショーモン	エボキャシ 未勝	57 牡3	鮫島駿	橋口慎	900	3530	林瑛子	ノーザンF
5	赤3	ドゥラメンテ	シングザットソング	ザガールインザットソング 米	55 牝3	吉田隼	高野	3000	6503	社台RH	白老F
6	赤3	シルバーステート	エエヤン	シルクヴィーナス 未出	57 牡3	戸崎圭	伊藤大	3600	6962	ニッシンHD	須崎牧場
7	青4	リアルスティール	オールパルフェ	クイーングラス 2勝	57 牡3	大野	和田雄	2300	4600	遠藤良一	カタオカF
8	青4	シルバーステート	セッション	ミスドバウィ 4勝	57 牡3	団野	斉藤崇	1200	2800	[illegible]正道	ノーザンF
9	黄5	ロードカナロア	ナヴォーナ	セリエンホルデ 独	57 牡3	田辺	矢作	400	620	ラ・メール	ノーザンF
10	黄5	ディスクリートキャット	オオバンブルマイ	ピンクガーベラ 未勝	57 牡3	武豊	吉村	4300	8500	岡浩二	サンデーヒルズ
11	緑6	ドゥラメンテ	シャンパンカラー	メモリアルライフ 独	57 牡3	内田博	田中剛	900	3130	青山洋一	社台F
12	緑6	ファインニードル	クルゼイロドスル	スタリア 1勝	57 牡3	Mデムーロ	高橋忠	1600	3180	ゴドルフィン	ダーレー・ジャパンF
13	橙7	ルーラーシップ	ドルチェモア	アユサン 2勝	57 牡3	三浦	須貝尚	5500	11,000	スリーエイチR	下河辺牧場
14	橙7	グレーターロンドン	ユリーシャ	アンジェリカス 未勝	55 牝3	松山	中村	1600	2903	竹下佳利	スカイビーチS
15	橙7	シルバーステート	カルロヴェローチェ	スサーナトウショウ 未勝	57 牡3	レーン	須貝尚	1700	3370	大野照旺	ノーザンF
16	桃8	デクラレーションオヴウォー	タマモブラックタイ	タマモイヤリング 2勝	57 牡3	幸	角田	2900	6303	タマモ	対馬正
17	桃8	ダノンバラード	ミシシッピテソーロ	ハピネスフォーユー 1勝	55 牝3	柴田大	畠山吉	1000	3490	了徳寺健二HD	リョーケンF
18	桃8	ロードカナロア	ダノンタッチダウン	エピックラヴ 愛	57 牡3	川田	安田隆	2550	5000	ダノックス	ノーザンF

2023年 NHK マイルC			
	1着⑪シャンパンカラー	（9番人気）	馬連 12990円
	2着③ウンブライル	（8番人気）	3連複 27690円
	3着⑩オオバンブルマイ	（3番人気）	3連単 260760円

注目サイン！

ロードカナロア産駒の隣馬が3着以内
22年は4番人気ダノンスコーピオンが優勝

18 年	ダノンスマッシュ	隣馬ギベオン	2着
19 年	ケイデンスコール	隣馬アドマイヤマーズ	1着
20 年	メイショウチタン	隣馬ギルデッドミラー	3着
21 年	タイムトゥヘヴン	隣馬グレナディアガーズ	3着
22 年	ステルナティーア	隣馬ダノンスコーピオン	1着
23 年	ナヴォーナ	隣馬オオバンブルマイ	3着

正10番か11番が3着以内
23年は9番人気シャンパンカラー優勝、単勝2220円！

18 年	正 11 番ケイアイノーテック	1着
19 年	正 10 番カテドラル	3着
20 年	正 11 番ラウダシオン	1着
21 年	正 10 番ソングライン	2着
22 年	正 10 番カワキタレブリー	3着
23 年	正 11 番シャンパンカラー	1着

ジュニアC1着馬の隣枠が3着以内
今のところ1着はナシ

20 年	−1枠ギルデッドミラー	3着
21 年	−1枠ソングライン	2着
22 年	−1枠カワキタレブリー	3着
23 年	−1枠オオバンブルマイ	3着

前走2着馬が3着以内
23年は8番人気ウンブライル2着、馬連万馬券！

18 年	ケイアイノーテック	1着
19 年	カテドラル	3着
20 年	ラウダシオン	1着
21 年	シュネルマイスター	1着
22 年	マテンロウオリオン	2着
23 年	ウンブライル	2着

注目サイン！

川田将雅騎手の±3枠が3着以内
22年は18番人気カワキタレブリー3着、3連単153万馬券！

17 年　－3枠ボンセルヴィーソ　3着
18 年　＋3枠レッドヴェイロン　3着
19 年　＋3枠カテドラル　3着
21 年　＋3枠シュネルマイスター　1着
22 年　－3枠カワキタレブリー　3着
23 年　－3枠オオバンブルマイ　3着
※ 20 年は同騎手の騎乗ナシ。

M・デムーロ騎手の枠が3着以内
20年は自身騎乗の9番人気ラウダシオンが優勝！

18 年　ギベオン　2着
19 年　アドマイヤマーズ　1着
20 年　ラウダシオン　1着
21 年　グレナディアガーズ　3着
22 年　ダノンスコーピオン　1着
23 年　シャンパンカラー　1着

横山典弘騎手の隣枠が3着以内
17年は13番人気リエノテソーロ2着で馬連万馬券！

14 年　＋1枠タガノブルグ　2着
　　　＋1枠キングズオブザサン　3着
15 年　＋1枠アルビアーノ　2着
16 年　＋1枠レインボーライン　3着
17 年　－1枠リエノテソーロ　2着
20 年　－1枠ギルデッドミラー　3着
22 年　－1枠ダノンスコーピオン　1着
23 年　＋1枠ウンブライル　2着
※ 18、19、21 年は同騎手の騎乗ナシ。他に「戸崎圭太騎手の 2 隣枠が 3 着以内」「大野拓弥騎手の隣枠が 3 着以内」も継続中。

GⅠ ヴィクトリアM

2024年5月12日　東京芝1600m（4歳上牝馬）

正逆　3番4番

武蔵野S		ヴィクトリアM	
2019年【正7番】1着	➡	2020年【逆7番】アーモンドアイ	1着
2020年【正6番】1着	➡	2021年【正6番】グランアレグリア	1着
2021年【正14番】2着	➡	2022年【逆14番】ソダシ	1着
2022年【正11番】1着	➡	2023年【逆11番】ソダシ	1着
2023年【正3番】1着 【正4番】2着	➡	**2024年【正逆3番、4番】**	

馬番	16	15	14	13	12	11	10	9
枠	桃8	桃8	橙7	橙7	緑6	緑6	黄5	黄5
父	クロフネ	ディープインパクト	キズナ	モーリス	ミッキーアイル	ハービンジャー	ロードカナロア	オルフェーヴル
馬名	ソダシ	ルージュスティリア	ステラリア	ディヴィーナ	ナムラクレア	ナミュール	サブライムアンセム	クリノプレミアム
母	ブチコ4勝	ドライヴンスノー1・米	ポリネイター1・愛	ヴィルシーナ5勝	サンクイーンⅡ・米	サンブルエミューズ3勝	バストフォリア4勝	ダンシングクイーン1勝
斤量・性齢	56 牝5	56 牝4	56 牝5	56 牝5	56 牝4	56 牝4	56 牝4	56 牝6
騎手	レーン	川田	団野	Mデムーロ	浜中	横山武	三浦	松岡
調教師	須貝尚	藤原英	斉藤崇	友道	長谷川	高野	藤原英	伊藤伸
賞金	23,200	2400	5700	2400	11,350	6500	4100	5950
総賞金	54,100	4420	11,850	5370	29,830	18,690	8640	16,346
馬主	金子真人HD	東京HR	社台RH	佐々木主浩	奈村睦弘	キャロットF	サンデーR	栗本博晴
生産者	ノーザンF	社台牧場	白老F	ノーザンF	谷川牧場	ノーザンF	ノーザンF	吉田F

馬番	8	7	6	5	4	3	2	1
枠	青4	青4	赤3	赤3	黒2	黒2	白1	白1
父	ミッキーアイル	エピファネイア	キズナ	キングカメハメハ	キングカメハメハ	ドゥラメンテ	ドゥラメンテ	ポイントオブエントリー
馬名	ララクリスティーヌ	イズジョーノキセキ	ソングライン	スタニングローズ	アンドヴァラナウト	サウンドビバーチェ	スターズオンアース	(外)ロータスランド
母	スーパーマダム1勝	キングダンサー1勝	ルミナスパレード4勝	ローザブランカ3勝	グルヴェイグ5勝	スタービドゥー1・独	サザンスターズ・英	リトルミスマフェット・米
斤量・性齢	56 牝5	56 牝6	56 牝5	56 牝4	56 牝5	56 牝4	56 牝4	56 牝6
騎手	菅原明	岩田康	戸崎圭	坂井	吉田隼	松山	ルメール	横山典
調教師	斉藤崇	石坂公	林	高野	池添学	高柳大	高柳瑞	辻野
賞金	6900	5150	20,820	12,900	4600	4400	19,400	10,150
総賞金	15,690	22,034	44,112	28,010	14,200	9720	41,840	22,640
馬主	フジイ興産	[illegible]一郎	サンデーR	サンデーR	サンデーR	増田雄一	社台RH	小林英一HD
生産者	土井牧場	沖田哲夫	ノーザンF	ノーザンF	ノーザンF	三嶋牧場	社台F	アメリカ

2023年 ヴィクトリア マイル	1着⑥ソングライン	（4番人気）	馬連 1960円
	2着⑯ソダシ	（3番人気）	3連複 1720円
	3着②スターズオンアース	（1番人気）	3連単 12830円

注目サイン！

前走牝馬重賞で1番人気馬か、その隣馬が連対中
23年は隣馬の3番人気ソダシが2着

16年	ミッキークイーン （阪神牝馬S・1番人気）	自身	2着
17年	ミッキークイーン （阪神牝馬S・1番人気）	隣馬デンコウアンジュ	2着
18年	リスグラシュー （阪神牝馬S・1番人気）	自身	2着
19年	ノームコア （中山牝馬S・1番人気）	自身	1着
20年	ラヴズオンリーユー （エリザベス女王杯・1番人気）	隣馬サウンドキアラ	2着
21年	デセル （阪神牝馬S・1番人気）	隣馬グランアレグリア	1着
22年	ミスニューヨーク （中山牝馬S・1番人気）	隣馬ファインルージュ	2着
23年	ルージュスティリア （阪神牝馬S・1番人気）	隣馬ソダシ	2着

前走⑫番ゲート馬か、その隣馬が連対中
23年は隣馬の4番人気ソングラインが優勝

18年	デンコウアンジュ	隣馬リスグラシュー	2着
19年	プリモシーン	自身	2着
20年	トロワゼトワル	隣馬アーモンドアイ	1着
21年	グランアレグリア	自身	1着
22年	マジックキャッスル	隣馬ソダシ	1着
23年	スタンニングローズ	隣馬ソングライン	1着

馬名頭文字か末尾「ア」馬か、その隣馬が3着以内
22年は6番人気レシステンシアが3着

19年	ノームコア	自身	1着
20年	アーモンドアイ	自身	1着
21年	グランアレグリア	自身	1着
22年	レシステンシア	自身	3着
23年	ルージュスティリア	隣馬ソダシ	2着

注目サイン！

戸崎圭太騎手か、その隣馬が3着以内
19年は自身騎乗の11番人気クロコスミアが3着

19年	クロコスミア	隣馬ノームコア	1着
		自身	3着
21年	マジックキャッスル	自身	3着
22年	マジックキャッスル	隣馬ソダシ	1着
23年	ソングライン	自身	1着

※20年は同騎手の騎乗ナシ。

吉田隼人騎手の±2馬が3着以内
21年は1番人気グランアレグリアが堂々の優勝

10年	−2馬ヒカルアマランサス	2着
17年	−2馬デンコウアンジュ	2着
18年	＋2馬リスグラシュー	2着
21年	−2馬グランアレグリア	1着
22年	＋2馬レシステンシア	3着
23年	＋2馬ソングライン	1着
	−2馬スターズオンアース	3着

※11～16、19、20年は同騎手の騎乗ナシ。

C・ルメール騎手の±2枠が3着以内
17年は11番人気デンコウアンジュ2着、馬連4万馬券！

17年	＋2枠デンコウアンジュ	2着
18年	−2枠レッドアヴァンセ	3着
20年	＋2枠サウンドキアラ	2着
	＋2枠ノームコア	3着
22年	−2枠レシステンシア	3着
23年	＋2枠ソングライン	1着

※19､21年は同騎手の騎乗ナシ。他に「松岡正海騎手の3隣馬が3着以内」も継続中。

GⅠ オークス

2024年5月19日　東京芝2400m（3歳牝馬）

正逆　2番6番

新潟大賞典		オークス
2019年【正15番】1着	➡	2020年【逆15番】デアリングタクト　1着
2020年【正９番】１着	➡	2021年【正９番】ユーバーレーベン　1着
2021年【正２番】１着	➡	2022年【正２番】スタニングローズ　2着
2022年【正14番】1着	➡	2023年【逆14番】リバティアイランド　1着
2023年【正２番】１着 【正６番】２着	➡	**2024年【正逆２番、６番】**

枠	馬番	父	馬名	母	斤量・性齢	騎手	調教師	賞金	総賞金	馬主	生産者
白1	1	キタサンブラック	ラヴェル	サンブルエミューズ3勝	55 牝3	坂井	矢作	2000	3600	キャロットF	ノーザンF
白1	2	ディープインパクト	ライトクオンタム	イルミナント米	55 牝3	田辺	武幸	2400	4700	社台RH	社台F
黒2	3	ダノンバラード	キタウイング	キタノリツメイ未勝	55 牝3	杉原	小島茂	3850	7430	ミルF	ミルF
黒2	4	ハービンジャー	キミノナハマリア	シャドウマリア1勝	55 牝3	三浦	千田	900	2500	浦野和由	社台F
赤3	5	ドゥラメンテ	リバティアイランド	ヤンキーローズ豪	55 牝3	川田	中内田	11,250	22,400	サンデーR	ノーザンF
赤3	6	ゴールドシップ	ゴールデンハインド	オレゴンレディ愛	55 牝3	菅原明	武市	3000	7680	ラフィアン	ビッグレッドF
青4	7	キタサンブラック	ヒップホップソウル	ダンスファンタジア3勝	55 牝3	津村	木村	1150	2610	社台RH	社台F
青4	8	キズナ	レミージュ	バイコースタル米	55 牝3	荻野極	松永幹	900	1950	ノースヒルズ	ノースヒルズ
黄5	9	キタサンブラック	コナコースト	コナブリユワーズ4勝	55 牝3	レーン	清水久	4250	9200	サンデーR	ノーザンF
黄5	10	ハーツクライ	ソーダズリング	ソーマジック4勝	55 牝3	武豊	音無	1450	2870	社台RH	社台F
緑6	11	ミッキーロケット	ミッキーゴージャス	ミッキークイーン5勝	55 牝3	戸崎圭	安田隆	900	1330	野田みづき	ノーザンF
緑6	12	ハーツクライ	ハーパー	セレスタ	55 牝3	ルメール	友道	2250	6600	エムズR	ノーザンF
橙7	13	ドゥラメンテ	ドゥーラ	イシス1勝	55 牝3	斎藤	高橋康	2000	3730	サイプレスHD	グランデF
橙7	14	モーリス	ペリファーニア	ケイティーズハート3勝	55 牝3	横山武	鹿戸雄	400	5500	キャロットF	ノーザンF
橙7	15	ハービンジャー	エミュー	スーリール1勝	55 牝3	Mデムーロ	和田郎	2750	5452	前田幸治	ノースヒルズ
桃8	16	ルーラーシップ	ドゥアイズ	ローズマンブリッジ2勝	55 牝3	吉田隼	庄野	1750	7040	GIレーシング	ノーザンF
桃8	17	サトノダイヤモンド	シンリョクカ	レイカーラ5勝	55 牝3	吉田豊	竹内	1700	3300	由井健太郎	下河辺牧場
桃8	18	キングマン	㊚イングランドアイズ	ヌーヴォレコルト5勝	55 牝3	横山和	安田翔	400	2040	原禮子	イギリス

2023年 オークス	1着⑤リバティアイランド	（1番人気）	馬連 590円
	2着⑫ハーパー	（2番人気）	3連複 16840円
	3着⑬ドゥーラ	（15番人気）	3連単 34140円

注目サイン！

武豊騎手の隣枠が3着以内
22年はスターズオンアースが大外枠で優勝

17年	＋1枠	→	8枠アドマイヤミヤビ	3着
18年	−1枠	→	1枠リリーノーブル	2着
19年	−1枠	→	1枠クロノジェネシス	3着
20年	−1枠	→	4枠ウインマイティー	3着
21年	＋1枠	→	4枠アカイトリノムスメ	2着
22年	−1枠	→	8枠スターズオンアース	1着
23年	＋1枠	→	6枠ハーパー	2着

阪神JF3着馬の隣枠が3着以内
23年は15番人気ドゥーラ3着、3連単3万馬券

20年	＋1枠デアリングタクト	1着
21年	−1枠アカイトリノムスメ	2着
22年	−1枠スターズオンアース	1着
23年	−1枠ドゥーラ	3着

※18年から継続中。

前走3番人気馬か、その隣馬が3着以内
21年は16番人気ハギノピリナ3着、3連単53万馬券！

18年	リリーノーブル	自身	2着
19年	クロノジェネシス	自身	3着
20年	ウインマイティー	自身	3着
21年	ハギノピリナ	自身	3着
22年	ウォーターナビレラ	隣馬スターズオンアース	1着
23年	ハーパー	自身	2着

M・デムーロ騎手の±2馬が3着以内
20年は後の三冠牝馬デアリングタクトが優勝

20年	＋2馬デアリングタクト	1着
21年	−2馬アカイトリノムスメ	2着
22年	＋2馬ナミュール	3着
23年	−2馬ドゥーラ	3着

2024年5月19日

オークス

注目サイン！

馬名頭文字か末尾「ア」馬の隣馬が3着以内
23年は1番人気リバティアイランドが完勝！

18年	マウレア	隣馬ラッキーライラック	3着
19年	ウィクトーリア	隣馬ラヴズオンリーユー	1着
20年	アブレイズ	隣馬デアリングタクト	1着
21年	ウインアグライア	隣馬アカイトリノムスメ	2着
22年	アートハウス	隣馬スタニングローズ	2着
23年	キミノナハマリア	隣馬リバティアイランド	1着

C・ルメール騎手の枠が連対中
20年は7番人気ウインマリリンが2着

17年	ソウルスターリング	1着
18年	アーモンドアイ	1着
20年	ウインマリリン	2着
21年	アカイトリノムスメ	2着
22年	スターズオンアース	1着
23年	ハーパー	2着

※19年は同騎手の騎乗ナシ。

田辺裕信騎手の±2枠が3着以内
2頭の馬券絡みのもあるので要注意！

18年	−2枠リリーノーブル	2着
	−2枠ラッキーライラック	3着
19年	＋2枠デアリングタクト	1着
21年	＋2枠アカイトリノムスメ	2着
	＋2枠ハギノピリナ	3着
23年	＋2枠リバティアイランド	1着
	−2枠ドゥーラ	3着

※20、22年は同騎手の騎乗ナシ。他に「3番人気馬の隣枠が3着以内」も継続中。

GI

日本ダービー

2024年5月26日　東京芝2400m（3歳）

正逆　2番10番

アルゼンチン共和国杯	日本ダービー	
2019年【逆７番】１着	➡ 2020年【逆７番】サリオス	２着
2020年【逆１番】１着	➡ 2021年【正１番】エフフォーリア	２着
2021年【逆６番】１着	➡ 2022年【逆６番】ドウデュース	１着
2022年【逆12番】１着	➡ 2023年【正12番】タスティエーラ	１着
2023年【逆10番】１着 【逆２番】２着	➡ **2024年【正逆２番、10番】**	

馬番	枠	父	馬名	母（成績）	斤量・性齢	騎手	調教師	賞金	総賞金	馬主	生産者
1	白1	ロードカナロア	ベラジオオペラ	エアルーティーン 1勝	57 牡3	横山和	上村	3600	7170	林田祥来	社台F
2	白1	キタサンブラック	スキルヴィング	ロスヴァイセ 3勝	57 牡3	ルメール	木村	3600	7270	キャロットF	ノーザンF
3	黒2	マインドユアビスケッツ	ホウオウビスケッツ	ホウオウサブリナ 未出	57 牡3	丸田	奥村武	2000	3970	小笹芳央	岡田S
4	黒2	デクラレーションオブウォー	トップナイフ	ビーウインド 未勝	57 牡3	横山典	昆	4300	8890	安原浩司	杵臼牧場
5	赤3	キタサンブラック	ソールオリエンス	スキア 仏	57 牡3	横山武	手塚	12,400	24,700	社台RH	社台F
6	赤3	シルバーステート	ショウナンバシット	ギエム 未出	57 牡3	Mデムーロ	須貝尚	2100	6280	国本哲秀	ノーザンF
7	青4	ルーラーシップ	フリームファクシ	ライツェント 未勝	57 牡3	吉田隼	須貝尚	2900	5580	金子真人HD	ノーザンF
8	青4	シルバーステート	メタルスピード	マイピピアーヌ 未勝	57 牡3	津村	斎藤誠	900	6178	[illegible]	タバタF
9	黄5	ラブリーデイ	グリューネグリーン	レディーダービー 未勝	57 牡3	石川	相沢	2000	4000	斎藤光政	本間牧場
10	黄5	ロードカナロア	シャザーン	クイーンズリング 6勝	57 牡3	岩田望	友道	1600	2830	金子真人HD	社台F
11	緑6	ハーツクライ	ハーツコンチェルト	ナスノシベリウス 3勝	57 牡3	松山	武井	1500	4150	グリーンファーム	ハシモトF
12	緑6	サトノクラウン	タスティエーラ	パルティトゥーラ 3勝	57 牡3	レーン	堀	7100	14,700	キャロットF	ノーザンF
13	橙7	ドゥラメンテ	シーズンリッチ	エバーシャルマン 2勝	57 牡3	戸崎圭	久保田	2400	4780	宇田豊	ノーザンF
14	橙7	ハービンジャー	ファントムシーフ	ルパンII 米	57 牡3	武豊	西村	3000	12,400	ターフS	谷川牧場
15	橙7	モーリス	ノッキングポイント	チェッキーノ 3勝	57 牡3	北村宏	木村	1700	3580	サンデーR	ノーザンF
16	桃8	ヴィクトワールピサ	パクスオトマニカ	ディープラヴ 未勝	57 牡3	田辺	久保田	2100	4410	深田芳郎	ノーザンF
17	桃8	ドゥラメンテ	ドゥラエレーデ	マルケッサ 未勝	57 牡3	坂井	池添学	5210	11,007	スリーエイチR	ノーザンF
18	桃8	サトノダイヤモンド	サトノグランツ	チェリーコレクト 愛	57 牡3	川田	友道	3600	7200	里見治	ノーザンF

2023年 日本 ダービー	1着⑫タスティエーラ（4番人気） 2着⑤ソールオリエンス（1番人気） 3着⑪ハーツコンチェルト（6番人気）	馬連 690円 3連複 4700円 3連単 29810円

注目サイン！

最短馬名馬か、その隣馬が3着以内
19年は12番人気ロジャーバローズ優勝、単勝9310円！

16 年　マカヒキ　自身　1着
17 年　カデナ　隣馬レイデオロ　1着
18 年　グレイル　隣馬エポカドーロ　2着
19 年　ヴィント　隣馬ロジャーバローズ　1着
20 年　サリオス　自身　2着
21 年　ラーゴム　隣馬シャフリヤール　1着
22 年　デシエルト　隣馬ドウデュース　1着
23 年　シャザーン　隣馬ハーツコンチェルト　3着

京都2歳S1着馬の隣枠が連対中
23年は4番人気タスティエーラが優勝

17 年　－1枠レイデオロ　1着
18 年　＋1枠ワグネリアン　1着
19 年　－1枠ダノンキングリー　2着
20 年　－1枠サリオス　2着
21 年　－1枠シャフリヤール　1着
22 年　＋1枠ドウデュース　1着
23 年　＋1枠タスティエーラ　1着

スプリングS1着馬の±3枠が3着以内
18年は16番人気コズミックフォース3着、3連単285万馬券！

18 年　－3枠コズミックフォース　3着
19 年　－3枠ヴェロックス　3着
20 年　－3枠コントレイル　1着
21 年　－3枠ステラヴェローチェ　3着
22 年　＋3枠ドウデュース　1着
23 年　＋3枠タスティエーラ　1着

注目サイン！

前走最低着順馬の隣枠が2着継続中
馬単、3連単のネタにもってこい！

17 年　＋1枠スワーヴリチャード　2着
18 年　＋1枠エポカドーロ　2着
19 年　－1枠ダノンキングリー　2着
20 年　－1枠サリオス　2着
21 年　＋1枠エフフォーリア　2着
22 年　＋1枠イクイノックス　2着
23 年　＋1枠ソールオリエンス　2着

川田将雅騎手の±24馬が3着以内
22年は2番人気イクイノックスが2着

17 年　＋ 24 馬レイデオロ　1着
18 年　＋ 24 馬コズミックフォース　3着
19 年　＋ 24 馬ロジャーバローズ　1着
20 年　－ 24 馬コントレイル　1着
21 年　－ 24 馬エフフォーリア　2着
22 年　＋ 24 馬イクイノックス　2着
23 年　－ 24 馬タスティエーラ　1着

馬名頭文字か末尾が「ス」馬が3着以内
21年は9番人気ステラヴェローチェ3着、3連単5万馬券

17 年　スワーヴリチャード　2着
18 年　コズミックフォース　3着
19 年　ロジャーバローズ　1着
20 年　サリオス　2着
21 年　ステラヴェローチェ　3着
22 年　イクイノックス　2着
23 年　ソールオリエンス　2着

※「ズ」も対象。他に「1番人気馬か、その隣馬が3着以内」「田辺裕信騎手の−2枠が3着以内」も継続中。

GⅠ 安田記念

2024年6月2日　東京芝1600m（3歳上）

正逆　2番 13番

七夕賞	安田記念	
2019年【逆5番】1着	➡ 2020年【正5番】アーモンドアイ	2着
2020年【逆4番】2着	➡ 2021年【逆4番】ダノンキングリー	1着
2021年【逆13番】1着	➡ 2022年【正13番】ソングライン	1着
2022年【逆1番】1着	➡ 2023年【逆1番】ソングライン	1着
2023年【逆2番】1着 【逆13番】2着	➡ **2024年【正逆2番、13番】**	

18 桃8	17 桃8	16	15 橙7	14 橙7	13	12 緑6	11	10 黄5	9	8 青4	7	6 赤3	5	4 黒2	3	2 白1	1
キズナ	スクリーンヒーロー	アメリカンファラオ	ダイワメジャー	キングマン	ロードカナロア	ハービンジャー	ハーツクライ	ルーラーシップ	ドゥラメンテ	ルーラーシップ	キタサンブラック	ロードカナロア	クロフネ	ダイワメジャー	モーリス	ミッキーアイル	ゴールドアリュール
ソングライン	ウインカーネリアン	外カフェファラオ	マテンロウオリオン	外シュネルマイスター	レッドモンレーヴ	ナミュール	イルーシヴパンサー	ソウルラッシュ	シャンパンカラー	ドルチェモア	ガイアフォース	ダノンスコーピオン	ソダシ	セリフォス	ジャックドール	メイケイエール	ナランフレグ
ルミナスパレード4勝	コスモクリスタル4勝	メアリーズフォリーズ米	パルテノン未勝	セリエンホルデ独	ラストグルーヴ1勝	サンブルエミューズ3勝	イルーシヴキャット2勝	エターナルブーケ未勝	メモリアルライフ未	アユサン2勝	ナターレ	レキシールー加	ブチコ4勝	シーフロント仏	ラヴアリーノ米	シロインジャー未勝	ケリーズビューティ
56牝5	58牡6	58牡6	58牡4	58牡5	58牡4	56牝4	58牡5	58牡5	54牡3	54牡3	58牡4	58牡4	56牝5	58牡4	58牡5	56牝5	58牡7
戸崎圭	三浦	浜中	横山典	ルメール	横山和	横山武	岩田望	松山	内田博	坂井	西村淳	Mデムーロ	川田	レーン	武豊	池添	丸田
林	鹿戸雄	堀	昆	手塚	蛯名正	高野	久保田	池江寿	田中剛	須貝尚	杉山晴	安田隆	須貝尚	中内田	藤岡健	武英	宗像
27,320	9300	19,150	6200	19,750	5350	6500	6600	6550	7400	5500	4800	9700	25,800	17,250	20,650	14,150	12,950
57,112	21,480	64,403	13,900	45,510	11,530	18,690	14,790	17,560	16,130	11,000	10,700	22,700	59,300	40,977	46,570	32,000	39,354
サンデーR	ウイン	西川光一	寺田千代乃	サンデーR	東京HR	キャロットF	窪田康志	石川達絵	青山洋一	ーエイチR	KRジャパン	ダノックス	金子真人HD	G1レーシング	前原敏行	名古屋競馬	村木克成
ノーザンF	コスモヴューF	アメリカ	ムラカミF	ドイツ	ノーザンF	ノーザンF	追分F	下河辺牧場	社台F	下河辺牧場	追分F	ケイアイF	ノーザンF	追分F	[illegible]	ノーザンF	坂戸節子

2023年 安田記念			
	1着⑱ソングライン	（4番人気）	馬連 1890円
	2着④セリフォス	（3番人気）	3連複 2290円
	3着⑭シュネルマイスター	（1番人気）	3連単 14510円

注目サイン！

当年ヴィクトリアMの5着以内馬が連対中
22、23年とソングラインが連覇

18 年　アエロリット　　　2着（VM4着）
19 年　アエロリット　　　2着（VM5着）
20 年　アーモンドアイ　　2着（VM1着）
21 年　グランアレグリア　2着（VM1着）
22 年　ソングライン　　　1着（VM5着）
23 年　ソングライン　　　1着（VM1着）

前走マイラーズC1着馬か、その隣馬が3着以内
21年は8番人気ダノンキングリー優勝、単勝4760円！

19 年　ダノンプレミアム　　隣馬アーモンドアイ　3着
20 年　インディチャンプ　　隣馬アーモンドアイ　2着
21 年　ケイデンスコール　　隣馬ダノンキングリー　1着
22 年　ソウルフラッシュ　　隣馬ソングライン　1着
23 年　シュネルマイスター　自身　3着

M・デムーロ騎手の±24馬が連対中
22年は2番人気シュネルマイスターが2着

19 年　± 24 馬インディチャンプ　1着
21 年　－ 24 馬ダノンキングリー　1着
22 年　＋ 24 馬シュネルマイスター　2着
23 年　－ 24 馬ソングライン　1着
※ 20 年は同騎手の騎乗ナシ。

馬名頭文字か末尾「ク」馬か、その隣馬が連対中
20、21年はグランアレグリアが連続で連対

19 年　グァンチャーレ　隣馬インディチャンプ　1着
20 年　グランアレグリア　自身　1着
21 年　グランアレグリア　自身　2着
22 年　ダイアトニック　隣馬ソングライン　1着
23 年　ナランフレグ　隣馬ソングライン　1着
※「グ」も対象。

注目サイン！

1番人気馬か、その隣馬が3着以内
スーパー・ロングラン・セオリー

14年	ジャスタウェイ	自身	1着
15年	モーリス	自身	1着
16年	モーリス	自身	2着
17年	イスラボニータ	隣馬サトノアラジン	1着
18年	スワーヴリチャード	自身	3着
19年	アーモンドアイ	自身	3着
20年	アーモンドアイ	自身	2着
21年	グランアレグリア	自身	2着
22年	イル—シヴパンサー	隣馬シュネルマイスター	2着
23年	シュネルマイスター	自身	3着

※12年から継続中。

C・ルメール騎手か、その隣馬が3着以内
大体はルメさん自身ですが……

15年	ブレイズアトレイル	隣馬クラレント	3着
17年	イスラボニータ	隣馬サトノアラジン	1着
18年	モズアスコット	自身	1着
19年	アーモンドアイ	自身	3着
20年	アーモンドアイ	自身	2着
21年	グランアレグリア	自身	2着
22年	シュネルマイスター	自身	2着
23年	シュネルマイスター	自身	3着

※16年は同騎手の騎乗ナシ。他に「C・ルメール騎手の−64馬が3着以内」も継続中。

正逆5番か10番が3着以内
23年以外は連対

16年	逆5番モーリス	2着
17年	逆5番サトノアラジン	1着
18年	正10番モズアスコット	1着
19年	正5番インディチャンプ	1着
20年	正5番アーモンドアイ	2着
21年	正5番グランアレグリア	2着
22年	逆10番シュネルマイスター	2着
23年	逆5番シュネルマイスター	3着

GI 宝塚記念

2024年6月23日　阪神芝2200m（3歳上）

正逆　7番10番

みやこS	宝塚記念
2019年【正３番】２着	➡ 2020年【逆３番】クロノジェネシス　１着
2020年【正７番】２着	➡ 2021年【正７番】クロノジェネシス　１着
2021年【正６番】２着	➡ 2022年【正６番】タイトルホルダー　１着
2022年【正12番】2着	➡ 2023年【逆12番】スルーセブンシーズ　２着
2023年【正７番】２着 【逆10番】2着	➡ **2024年【正逆７番、10番】**

馬番	枠	馬名	父	母	斤量・性齢	騎手	調教師	賞金	総賞金	馬主	生産者
1	白1	ライラック	オルフェーヴル	ヴィーヴァブーケ 1勝	56 牝4	Mデムーロ	相沢	4850	10,580	芹澤精一	杵臼牧場
2	白1	カラテ	トゥザグローリー	レディーノパンチ 未出	58 牡7	菅原明	辻野	12,200	25,480	小田切光	中地康弘
3	黒2	ダノンザキッド	ジャスタウェイ	エピックラヴ 愛	58 牡5	北村友	安田隆	14,610	43,917	ダノックス	ノーザンF
4	黒2	ボッケリーニ	キングカメハメハ	ポップコーンジャズ 1勝	58 牡7	浜中	池江寿	14,300	3[illegible],420	金子真人HD	ノーザンF
5	赤3	イクイノックス	キタサンブラック	シャトーブランシュ 4勝	58 牡4	ルメール	木村	62,240	124,389	シルクR	ノーザンF
6	赤3	スルーセブンシーズ	ドリームジャーニー	マイティースルー 4勝	56 牝5	池添	尾関	4400	10,130	キャロットF	ノーザンF
7	青4	プラダリア	ディープインパクト	シャッセロール 3勝	58 牡4	菱田	池添学	3100	11,940	名古屋友豊	オリエント牧場
8	青4	ヴェラアズール	エイシンフラッシュ	ヴェラブランカ 2勝	58 牡6	松山	渡辺	25,750	54,410	キャロット[illegible]	白[illegible]F
9	黄5	ジャスティンパレス	ディープインパクト	パレスルーマー 米	58 牡4	鮫島駿	杉山晴	19,350	42,410	三木正浩	ノーザンF
10	黄5	ディープボンド	キズナ	ゼフィランサス 3勝	58 牡6	和田竜	大久保龍	27,600	63,896	前田晋二	村田牧場
11	緑6	ジェラルディーナ	モーリス	ジェンティルドンナ 10勝	56 牝5	武豊	斉藤崇	13,100	39,320	サンデーR	ノーザンF
12	緑6	アスクビクターモア	ディープインパクト	カルティカ 英	58 牡4	横山武	田村	12,200	30,970	廣崎利洋HD	社台F
13	橙7	ジオグリフ	ドレフォン	アロマティコ 6勝	58 牡4	岩田望	木村	10,300	40,879	サンデーR	ノーザンF
14	橙7	ブレークアップ	ノヴェリスト	リトルジュン 未勝	58 牡5	川田	吉岡	5250	17,390	阿部東亜子	谷川牧場
15	桃8	(外)ユニコーンライオン	ノーネイネヴァー	ムーラフカ 愛	58 牡7	坂井	矢作	9600	23,000	ライオンRH	アイルランド
16	桃8	モズベッロ	ディープブリランテ	ハーランズルビー 米	58 牡7	角田河	森田	8400	23,400	キャピタルS	村田牧場
17	桃8	ドゥラエレーデ	ドゥラメンテ	マルケッサ 未勝	53 牡3	幸	池添学	5210	11,007	スリーエイチR	ノーザンF

2023年 宝塚記念			
	1着⑤イクイノックス	（1番人気）	馬連 2340円
	2着⑥スルーセブンシーズ	（10番人気）	3連複 4030円
	3着⑨ジャスティンパレス	（2番人気）	3連単 13630円

注目サイン！

当年天皇賞(春)の最先着馬の±17馬が3着以内
23年はジャスティンパレス自身が3着

20年	スティッフェリオ	－17馬クロノジェネシス	1着
		＋17馬キセキ	2着
21年	カレンブーケドール	＋17馬ユニコーンライオン	2着
22年	タイトルホルダー	－17馬デアリングタクト	3着
23年	ジャスティンパレス	±17馬ジャスティンパレス	3着

正逆12番が3着以内
23年は10番人気スルーセブンシーズが2着に大駆け！

19年	正12番リスグラシュー	1着
	逆12番キセキ	2着
20年	正12番モズベッロ	3着
21年	逆12番レイパパレ	3着
22年	逆12番デアリングタクト	3着
23年	逆12番スルーセブンシーズ	2着

浜中俊騎手の隣枠が1着継続中
24年も浜ちゃんには出てほしい！

16年	＋1枠マリアライト	1着
17年	＋1枠サトノクラウン	1着
20年	－1枠クロノジェネシス	1着
21年	－1枠クロノジェネシス	1着
23年	＋1枠イクイノックス	1着

幸英明騎手の±93馬が3着以内
アタマはナシ？3着がやたら多い

15年	＋93馬ショウナンパンドラ	3着
17年	＋93馬ミッキークイーン	3着
20年	－93馬モズベッロ	3着
21年	－93馬ユニコーンライオン	2着
23年	－93馬ジャスティンパレス	3着

※16、18、19、22年は同騎手の騎乗ナシ。他に「池添謙一騎手の＋２枠が３着以内」も継続中。

注目サイン！

馬名頭文字か末尾「ス」馬か、その隣馬が連対中
ほとんど隣馬が飛んでくる！

16年	ヤマカツエース	隣馬マリアライト	1着
17年	スピリッツミノル	隣馬ゴールドアクター	2着
18年	ストロングタイタン	隣馬ミッキーロケット	1着
19年	スワーヴリチャード	隣馬リスグラシュー	1着
20年	スティッフェリオ	隣馬クロノジェネシス	1着
21年	クロノジェネシス	自身	1着
22年	アイアンバローズ	隣馬タイトルホルダー	1着
23年	イクイノックス	隣馬スルーセブンシーズ	2着

※「ズ」も対象。

ATTENTION

ファン投票1位馬の枠が3着以内
これまたスーパー・ロングラン・セオリー

10年	ブエナビスタ	2着
11年	ブエナビスタ	2着
12年	オルフェーヴル	1着
14年	ゴールドシップ	1着
15年	ゴールドシップ	1着
16年	キタサンブラック	3着
17年	キタサンブラック	1着
18年	サトノダイヤモンド	1着
21年	クロノジェネシス	1着
22年	タイトルホルダー	1着
23年	イクイノックス	1着

※13、19、20年は該当馬の出走ナシ。

馬名末尾「ト」馬の隣馬が3着以内
22年は4番人気デアリングタクトが3着

17年	ミッキーロケット	隣馬サトノクラウン	1着
18年	サトノダイヤモンド	隣馬ミッキーロケット	1着
19年	スワーヴリチャード	隣馬リスグラシュー	1着
20年	ダンビュライト	隣馬キセキ	2着
22年	デアリングタクト	隣馬タイトルホルダー	1着
23年	ディープボンド	隣馬ジャスティンパレス	3着

※「ド」も対象。21年は該当馬の出走ナシ。

GⅠ スプリンターズS

2024年9月29日　中山芝1200m（3歳上）

正逆 7番8番

京都大賞典	スプリンターズS	
2019年【正7番】1着	➡ 2020年【逆7番】グランアレグリア	1着
2020年【逆5番】1着	➡ 2021年【逆5番】レシステンシア	2着
2021年【逆7番】1着	➡ 2022年【正7番】ウインマーベル	2着
2022年【正10番】1着	➡ 2023年【正10番】マッドクール	2着
2023年【正7番】1着 【逆8番】1着	➡ **2024年【正逆7番、8番】**	

馬番	枠	父	馬名	母（母の成績）	毛色	斤量	性齢	騎手	厩舎	賞金	総賞金	馬主	生産者
1	白1	ミッキーアイル	ナムラクレア	サンクイーンⅡ米	青鹿	56	牝4	浜中	長谷川	13,500	34,130	奈村睦弘	谷川牧場
2	白1	レッドスパーダ	テイエムスパーダ	トシザコジーン3勝	芦	56	牝4	富田	木原	6500	13,880	竹園正繼	小林牧場
3	黒2	モーリス	ピクシーナイト	ピクシーホロウ3勝	鹿	58	牡5	戸崎圭	音無	10,800	22,320	シルクR	ノーザンF
4	黒2	ゴールドアリュール	ナランフレグ	ケリーズビューティ	栗	58	牡7	丸田	宗像	12,950	39,354	村木克成	坂戸節子
5	赤3	アイルハヴアナザー	ウインマーベル	コスモマーベラス7勝	栗	58	牡4	松山	深山	9650	20,192	ウイン	コスモヴューF
6	赤3	クロフネ	ママコチャ	ブチコ4勝	鹿	56	牝4	川田	池江寿	4600	10,970	金子真人HD	ノーザンF
7	青4	マクフィ	オールアットワンス	シュプリームギフト5勝	鹿	56	牝5	石川	中舘	5000	11,850	吉田勝己	ノーザンF
8	青4	ミッキーアイル	メイケイエール	シロインジャー未勝	鹿	56	牝5	池添	武英	14,150	32,000	名古屋競馬	ノーザンF
9	黄5	カラヴァッジオ	アグリ	オールドタイムワルツ米	青鹿	58	牡4	横山典	安田隆	5750	12,836	三木正浩	ノーザンF
10	黄5	ダークエンジェル	(外)マッドクール	マッドアバウトユー愛	芦	58	牡4	坂井	池添学	3800	8920	サンデーR	アイルランド
11	緑6	ロードカナロア	ジュビリーヘッド	ローズノーブル4勝	鹿	58	牡6	北村友	安田隆	5200	15,400	キャロットF	ノーザンF
12	緑6	ルーラーシップ	ドルチェモア	アユサン2勝	鹿	56	牡3	西村淳	須貝尚	5500	11,000	スリーエイチR	下河辺牧場
13	橙7	フロステッド	(外)ジャスパークローネ	ファンシーキトゥン米	栗	58	牡4	団野	森秀	6500	14,230	加藤和夫	アメリカ
14	橙7	エイシンヒカリ	エイシンスポッター	マーゼリン愛	栗	58	牡4	角田河	吉村	3600	8970	栄進堂	栄進牧場
15	桃8	ロードカナロア	キミワクイーン	チェリーペトルズ2勝	鹿	56	牝4	横山武	奥村武	4450	10,720	[illegible]	追分F
16	桃8	リアルインパクト	モズメイメイ	インラグジュアリー未出	鹿	54	牝3	武豊	音無	5500	11,230	キャピタルS	社台F

2023年 スプリンターズS		
1着⑥ママコチャ	（3番人気）	馬連 3260円
2着⑩マッドクール	（6番人気）	3連複 2310円
3着①ナムラクレア	（1番人気）	3連単 17140円

注目サイン！

松山弘平騎手の枠が3着以内
22年は自身騎乗の7番人気ウインマーベルが2着

16 年　ミッキーアイル　2着
20 年　アウィルアウェイ　3着
22 年　ウインマーベル　2着
23 年　ママコチャ　1着

※ 12 年から継続中。17 ～ 19、21 年は同騎手の騎乗ナシ。

前走2着馬の隣馬が連対中
23年は6番人気マッドクール2着、馬連3260円！

18 年　ラブカンプー　隣馬ファインニードル　1着
19 年　ディアンドル　隣馬タワーオブロンドン　1着
20 年　モズスーパーフレア　隣馬ダノンスマッシュ　2着
21 年　ファストフォース　隣馬ピクシーナイト　1着
22 年　ファストフォース　隣馬ウインマーベル　2着
23 年　アグリ　隣馬マッドクール　2着

前走二ケタ着順馬の隣馬が3着以内
23年は3番人気ママコチャが優勝

18 年　ヒルノデイバロー（14 着）隣馬ラインスピリット　3着
19 年　ノーワン（18 着）隣馬モズスーパーフレア　2着
20 年　ラブカンプー（16 着）隣馬グランアレグリア　1着
21 年　アウィルアウェイ（14 着）隣馬レシステンシア　2着
22 年　メイショウミモザ（12 着）隣馬ジャンダルム　1着
23 年　ウインマーベル（16 着）隣馬ママコチャ　1着

※（　）が前走着順。

当年キーンランドC1着馬の±5馬が3着以内
18年は13番人気ラインスピリット3着、3連単20万馬券！

18 年　ナックビーナス　＋5馬ラインスピリット　3着
19 年　ダノンスマッシュ　＋5馬モズスーパーフレア　2着
20 年　エイティーンガール　＋5馬ダノンスマッシュ　2着
22 年　ヴェントヴォーチェ　－5馬ウインマーベル　2着
23 年　ナムラクレア　＋5馬ママコチャ　1着

※ 16 年から継続中。21 年は該当馬の出走ナシ。

注目サイン！

戸崎圭太騎手の隣枠が3着以内
21年は2番人気レシステンシアが2着

14年　＋1枠スノードラゴン　1着
15年　＋1枠サクラゴスペル　2着
16年　＋1枠ミッキーアイル　2着
17年　－1枠レッドファルクス　1着
18年　＋1枠ラインスピリット　3着
21年　－1枠レシステンシア　2着
23年　＋1枠ママコチャ　1着
※19、20、22年は同騎手の騎乗ナシ。他に「池添謙一騎手の±3枠が3着以内」も継続中。

馬名頭文字か末尾「ス」馬の隣馬が3着以内
20年は10番人気アウィルアウェイ3着、3連単2万馬券

17年　スノードラゴン　隣馬レッツゴードンキ　2着
18年　レッドファルクス　隣馬ラインスピリット　3着
19年　アレスバローズ　隣馬ダノンスマッシュ　3着
20年　ダイメイプリンセス　隣馬アウィルアウェイ　3着
21年　ファストフォース　隣馬ピクシーナイト　1着
22年　ファストフォース　隣馬ウインマーベル　2着
23年　オールアットワンス　隣馬ママコチャ　1着
※「ズ」も対象。

前年3着馬番か、その隣の馬番が3着以内
24年は①番か、その隣馬が候補

18年　3着①番　→　19年②番ダノンスマッシュ　3着
19年　3着②番　→　20年③番ダノンスマッシュ　2着
20年　3着⑯番　→　21年①番シヴァージ　3着（16頭立て）
21年　3着①番　→　22年②番ジャンダルム　1着
22年　3着⑥番　→　23年⑥番ママコチャ　1着
23年　3着①番　→　24年①番か隣（②番が大外馬）が候補

第3章

【連対馬】的中予言 GⅡ・GⅢ

2024年日経賞～マーメイドS

注：日程・競馬場・距離が変更になったユニコーンS（4月27日・京都）は、リンク・データが蓄積されるまで掲載を見合わせます。なにとぞご了承ください。

GII 日経賞

2024年3月23日　中山芝2500m（4歳上）

正逆 7番9番

函館2歳S	日経賞	
2019年【正５番】２着	➡ 2020年【逆５番】モズベッロ	2着
2020年【正12番】2着	➡ 2021年【逆12番】ウインマリリン	1着
2021年【逆６番】２着	➡ 2022年【正６番】ボッケリーニ	2着
2022年【逆11番】2着	➡ 2023年【逆11番】タイトルホルダー	1着
2023年【正９番】２着 【逆７番】２着	➡ **2024年【正逆７番、９番】**	

枠	馬番	馬名	父	母	毛色・斤量・性齢	騎手	厩舎	賞金	総賞金	馬主	生産者
白1	1	コトブキテティス	ハービンジャー	エヴァ2勝	黒鹿 55 牝6	替柴田善	美田島俊	2400	6517	尾上松壽	斉藤S
黒2	2	タイトルホルダー	ドゥラメンテ	メーヴェ5勝	鹿 59 牡5	横山和	美栗田徹	35,250	74,600	山田弘	岡田S
赤3	3	キングオブドラゴン	ハーツクライ	ベガスナイト3勝	黒鹿 57 牡6	替松岡	栗矢作	3550	13,077	窪田芳郎	社台F
青4	4	ライラック	オルフェーヴル	ヴィーヴァブーケ1勝	鹿 54 牝4	Mデムーロ	美相沢	4850	9580	芹澤精一	杵臼牧場
黄5	5	ディアスティマ	ディープインパクト	スウィートリーズン米	青鹿 57 牡6	北村友	栗高野	3800	10,250	サンデーR	ノーザンF
黄5	6	ボッケリーニ	キングカメハメハ	ポップコーンジャズ1勝	栗 58 牡7	浜中	栗池江寿	10,800	28,420	金子真人HD	ノーザンF
緑6	7	アリストテレス	エピファネイア	ブルーダイアモンド未勝	鹿 57 牡6	替菅原明	栗音無	8350	21,230	近藤英子	ノーザンF
緑6	8	カントル	ディープインパクト	ミスアンコール1勝	鹿 57 牡7	替石橋脩	栗藤原英	2400	9460	金子真人HD	ノーザンF
橙7	9	アスクビクターモア	ディープインパクト	カルティカ英	鹿 58 牡4	田辺	美田村	12,200	30,970	廣崎利洋HD	社台F
橙7	10	マイネルファンロン	ステイゴールド	マイネテレジア1勝	青鹿 57 牡8	替丹内	美手塚	6500	19,986	ラフィアン	ビッグレッドF
桃8	11	マカオンドール	ゴールドシップ	ミリオンウィッシーズ英	芦 57 牡5	替戸崎圭	栗今野	2700	11,110	關陽彦	ノーザンF
桃8	12	ヒートオンビート	キングカメハメハ	マルセリーナ4勝	鹿 57 牡6	替池添	栗友道	5200	21,591	社台RH	社台F

2023年 日経賞			
	1着②タイトルホルダー	（2番人気）	馬連 2140 円
	2着⑥ボッケリーニ	（5番人気）	3連複 14260 円
	3着⑤ディアスティマ	（7番人気）	3連単 41550 円

注目サイン！

前走4着馬自身か、その隣馬が1着継続中
22、23年はタイトルホルダーが連覇

20年	ミッキースワロー	自身	1着
21年	アールスター	隣馬ウインマリリン	1着
22年	アサマノイタズラ	隣馬タイトルホルダー	1着
23年	キングオブドラゴン	隣馬タイトルホルダー	1着

※18年から継続中。

馬名頭文字か末尾「ア」馬の隣馬が3着以内
23年は5番人気ボッケリーニ2着、馬連2140円

16年	ディサイファ	隣馬マリアライト	3着
17年	アドマイヤデウス	隣馬ミライヘノツバサ	2着
18年	アクションスター	隣馬チェスナットコート	2着
19年	アクションスター	隣馬サクラアンプルール	3着
20年	アイスバブル	隣馬ミッキースワロー	1着
21年	アールスター	隣馬ウインマリリン	1着
22年	アサマノイタズラ	隣馬タイトルホルダー	1着
23年	アリストテレス	隣馬ボッケリーニ	2着

※「ァ」も対象。

正逆127番が3着以内
20年は1番人気ミッキースワローが優勝

19年	正127番エタリオウ	2着
20年	逆127番ミッキースワロー	1着
21年	正127番カレンブーケドール	2着
22年	正127番ヒートオンビート	3着
23年	逆127番ボッケリーニ	2着

田辺裕信騎手の±9馬が3着以内
まだ3年のセオリー、24年はどうなる？

21年	－9馬ワールドプレミア	3着
22年	－9馬ヒートオンビート	3着
23年	＋9馬ボッケリーニ	2着

GⅢ 毎日杯

2024年3月23日　阪神芝1800m（3歳）

正逆　6番7番

京都新聞杯	毎日杯	
2019年【正3番】2着	➡ 2020年【逆3番】サトノインプレッサ	1着
2020年【正6番】1着	➡ 2021年【正6番】シャフリヤール	1着
2021年【正4番】2着	➡ 2022年【正4番】ピースオブエイト	1着
2022年【正11番】2着	➡ 2023年【逆11番】シーズンリッチ	1着
2023年【正6番】1着 【正7番】2着	➡ **2024年【正逆6番、7番】**	

枠	馬番	馬名	父	母	毛色・斤量・性齢	騎手	厩舎	賞金	総賞金	馬主	生産者
白1	1	フェイト	リアルスティール	サンタフェチーフ3勝	鹿 56 牡3	藤岡康	矢作	400	1240	藤田晋	ノーザンF
黒2	2	セレンディピティ	ドゥラメンテ	ジェラシー2勝	鹿 56 牡3	吉田隼	音無	400	1000	近藤英子	ノーザンF
赤3	3	シーズンリッチ	ドゥラメンテ	エバーシャルマン2勝	鹿 56 牡3	角田河	久保田	400	780	宇田豊	ノーザンF
青4	4	オメガリッチマン	イスラボニータ	エルカラファテ未勝	鹿 56 牡3	石川	安田翔	1200	2172	原禮子	社台F
青4	5	キングズレイン	ルーラーシップ	タッチングスピーチ3勝	鹿 56 牡3	岩田康	手塚	900	3530	サンデーR	ノーザンF
黄5	6	(外)ダブルジョーク	プラクティカルジョーク	ダブルデート米	栗 56 牡3	横山典	昆	400	770	ゴドルフィン	アメリカ
黄5	7	ドクタードリトル	デクラレーションオブウォー	ブルックデイル4勝	鹿 56 牡3	松山	今野	400	1500	谷掛龍夫	社台F
緑6	8	ノッキングポイント	モーリス	チェッキーノ3勝	栗 56 牡3	藤岡佑	木村	900	1980	サンデーR	ノーザンF
緑6	9	マイネルメモリー	ゴールドシップ	コスモエンドレス未勝	黒鹿 56 牡3	吉村智	宮	400	1917	ラフィアン	ビッグレッドF
橙7	10	エマヌエーレ	ロードカナロア	エマノン4勝	鹿 56 牡3	和田竜	平田	400	1237	丸山担	ノーザンF
橙7	11	フルメタルボディー	マインドユアビスケッツ	ザレマ4勝	栗 56 牡3	松田	清水久	400	1460	社台RH	社台F
桃8	12	アドマイヤイル	サクソンウォリアー	アイムユアーズⅡ英	鹿 56 牡3	団野	友道	400	800	近藤旬子	ノーザンF
桃8	13	ドットクルー	ディーマジェスティ	スターオブロゼッタ未出	鹿 56 牡3	岩田望	笹田	900	2027	幅田昌伸	佐々木牧場

2023年 毎日杯			
	1着③シーズンリッチ	（5番人気）	馬連 3620円
	2着⑧ノッキングポイント	（2番人気）	3連複 7730円
	3着⑬ドットクルー	（6番人気）	3連単 92050円

注目サイン！

2番人気馬か、その隣馬が連対中
22年以外は自身が走っている

17年	アルアイン	自身	1着
18年	ギベオン	自身	2着
19年	ウーリリ	自身	2着
20年	サトノインプレッサ	自身	1着
21年	シャフリヤール	自身	1着
22年	リアド	隣馬ベジャール	2着
23年	ノッキングポイント	自身	2着

前走③番ゲート馬の隣馬が連対中
21年は後のダービー馬シャフリヤールが優勝

18年	ウォーターパルフェ	隣馬ギベオン	2着
19年	ヴァンドギャルド	隣馬ランスオブプラーナ	1着
20年	トウケンタンホイザ	隣馬サトノインプレッサ	1着
21年	グレートマジシャン	隣馬シャフリヤール	1着
22年	セイウンハーデス	隣馬ピースオブエイト	1着
23年	セレンディピティ	隣馬シーズンリッチ	1着

馬名末尾「ト」馬の隣馬が3着以内
23年は6番人気ドットクルー3着、3連単9万馬券！

17年	ガンサリュート	隣馬サトノアーサー	2着
18年	シャルドネゴールド	隣馬ギベオン	2着
19年	ルモンド	隣馬ウーリリ	2着
20年	アーヴィンド	隣馬アルジャンナ	2着
21年	ダディーズビビッド	隣馬シャフリヤール	1着
22年	リアド	隣馬ドゥラドーレス	3着
23年	フェイト	隣馬ドットクルー	3着

※「ド」も対象。

GIII マーチS

2024年3月24日　中山ダ1800m（4歳上）

正逆　3番7番

アルテミスS	マーチS		
2019年【逆２番】２着	➡ 2020年【正２番】クリンチャー		２着
2020年【逆３番】１着	➡ 2021年【正３番】レピアーウィット		１着
2021年【逆10番】２着	➡ 2022年【正10番】ケンシンコウ		２着
2022年【逆８番】２着	➡ 2023年【正８番】ウィリアムバローズ		２着
2023年【逆７番】１着 【逆３番】２着	➡ **2024年【正逆３番、７番】**		

馬番	枠	父	馬名	母	斤量・性齢	騎手	調教師	賞金	馬主	生産者
16	桃8	マジェスティックウォリアー	サンライズホープ	オーパスクイーン3勝	59 牡6	幸	羽月	7400	松岡隆雄	ヤナガワ牧場
15	桃8	モーリス	カフジオクタゴン	メジロマリアン3勝	57 牡4	北村宏	矢作	3500	加藤守	レイクヴィラF
14	橙7	シンボリクリスエス	プリティーチャンス	フューチャサンデー3勝	55.5 牝6	石橋脩	野中	4380	廣崎利洋HD	藤原牧場
13	橙7	トゥザグローリー	ゲンパチルシファー	ラブリイステラ2勝	58 牡7	大野	佐々木晶	4300	平野武志	カナイシS
12	緑6	ゴールドアリュール	ハヤブサナンデクン	ホワイトクルーザー2勝	57 牡7	津村	吉村	3600	武田修	グランド牧場
11	緑6	ロードカナロア	ダノンスプレンダー	メジロスプレンダー2勝	57.5 牡7	斎藤	安田隆	4800	ダノックス	レイクヴィラF
10	黄5	マクフィ	ヴァルツァーシャル	バイカターキン未出	56 牡4	菅原明	高木	2400	ウエストフォレストS	桜田牧場
9	黄5	キズナ	ホウオウルバン	フサイチジェット未勝	57 牡5	内田博	池上和	3600	小笹芳央	岡田S
8	青4	ミッキーアイル	ウィリアムバローズ	ダイアナバローズ3勝	57.5 牡5	横山武	上村	3600	猪熊広次	中原牧場
7	青4	キズナ	ハピ	クイーンパイレーツ未勝	58.5 牡4	横山典	大久保龍	2850	寺田寿男	ノースヒルズ
6	赤3	メイショウボーラー	キタノヴィジョン	グリーンオリーヴ1勝	57 牡6	江田照	菅野	3800	北所直人	北星村田牧場
5	赤3	パイロ	ケンシンコウ	マトゥリアルカ公	58 牡6	田辺	小西	5050	天野克彦	静内山田牧場
4	黒2	パイロ	デルマルーヴル	カリビアンロマンス未勝	56 牡7	松岡	戸田	7310	浅沼廣幸	坂東牧場
3	黒2	エスポワールシチー	ロードヴァレンチ	アンダルシア未勝	55 騸4	永野	中舘	2400	ロードHC	大柳F
2	白1	ハーツクライ	カテドラル	アビラ英	58.5 牡7	石川	池添学	9350	キャロットF	ノーザンF
1	白1	アメリカンファラオ	ダノンファラオ	クリスプ米	58 牡6	田中勝	矢作	7480	ダノックス	ノーザンF

2023年マーチS			
	1着⑫ハヤブサナンデクン	（5番人気）	馬連 1490 円
	2着⑧ウィリアムバローズ	（1番人気）	3連複 16620 円
	3着⑥キタノヴィジョン	（11 番人気）	3連単 86140 円

注目サイン！

ハンデ57.5キロ馬か、その隣馬が連対中
23年は5番人気ハヤブサナンデクン優勝、馬連1490円

17年	インカンテーション	自身	1着
18年	ロンドンタウン	隣馬クインズサターン	2着
19年	ロンドンタウン	自身	2着
20年	クリンチャー	自身	2着
21年	ナカムラカメタロー	隣馬ヒストリーメイカー	2着
22年	カデナ	隣馬メイショウハリオ	1着
23年	ダノンスプレンダー	隣馬ハヤブサナンデクン	1着

最軽量ハンデ馬の隣枠が3着以内
23年は11番人気キタノヴィジョン3着、3連単8万馬券！

17年	シルクドリーマー	＋1枠ディアデルレイ	2着
18年	サクラコール	＋1枠センチュリオン	1着
19年	エイシンセラード	＋1枠ロンドンタウン	2着
20年	サンマルデューク	－1枠クリンチャー	2着
21年	シネマソングス	－1枠レピアーウィット	3着
22年	デルマルーヴル	＋1枠ヒストリーメイカー	2着
23年	ロードヴァレンチ	＋1枠キタノヴィジョン	3着

大野拓弥騎手の隣枠が連対中
21年は6番人気レピアーウィット優勝、単勝2140円！

20年	＋1枠スワーヴアラミス	1着
21年	＋1枠レピアーウィット	1着
22年	＋1枠ケンシンコウ	2着
23年	－1枠ハヤブサナンデクン	1着

※13年から継続中。

内田博幸騎手の隣枠が3着以内
22年は11番人気ケンシンコウ2着、馬連万馬券！

20年	＋1枠クリンチャー	2着
21年	＋1枠メモリーコウ	3着
22年	－1枠ケンシンコウ	2着
23年	＋1枠ハヤブサナンデクン	1着

GⅢ ダービー卿CT

2024年3月30日　中山芝1600m（4歳上）

正逆 6番7番

京王杯2歳S	ダービー卿CT	
2019年【正４番】1着	➡ 2020年【正４番】クルーガー	1着
2020年【正６番】1着	➡ 2021年【逆６番】カテドラル	2着
2021年【正３番】1着	➡ 2022年【正３番】タイムトゥヘヴン	1着
2022年【逆９番】1着	➡ 2023年【逆９番】インダストリア	2着
2023年【正７番】1着 【逆６番】1着	➡ **2024年【正逆６番、７番】**	

枠	馬番	父	馬名	母	毛色・斤量・性齢	騎手	調教師			馬主	生産者
白1	1	ディープスカイ	㊞ソロフレーズ	パラフレーズ英	青鹿 53 牡8	武士沢	佐藤吉	2950	6273	松谷翔太	ダーレージャパンF
白1	2	ロードカナロア	ルプリュフォール	マイノチカラ公	鹿 57 騸7	替石橋脩	松永幹	3800	11,446	名古屋友豊	社台F
黒2	3	ロードカナロア	レッドモンレーヴ	ラストグルーヴ1勝	鹿 56 牡4	川田	蛯名正	2400	5630	東京HR	ノーザンF
黒2	4	エピファネイア	ジャスティンカフェ	カジノブギ1勝	鹿 58 牡5	替ルメール	安田翔	3750	10,300	三木正浩	社台F
赤3	5	ハーツクライ	スカーフェイス	スプリングサンダー5勝	鹿 57 牡7	替横山和	中竹	4650	12,266	永井商事	グランド牧場
赤3	6	キングズベスト	ミスニューヨーク	マンハッタンミート1勝	青鹿 56 牝6	Mデムーロ	杉山晴	6100	18,177	高昭牧場	高昭牧場
青4	7	リオンディーズ	アナザーリリック	アンソロジー2勝	鹿 56 牝5	替津村	林	4500	8920	シルクR	ノーザンF
青4	8	リオンディーズ	インダストリア	インダクティ2勝	鹿 56 牡4	戸崎圭	宮田	2500	6470	サンデーR	ノーザンF
黄5	9	ダイワメジャー	マテンロウオリオン	パルテノン未勝	黒鹿 58 牡4	横山典	昆	6200	12,690	寺田千代乃	ムラカミF
黄5	10	キングズベスト	トーラスジェミニ	エリモエトワール1勝	鹿 58 牡7	替佐藤	小桧山	8450	19,550	柴原榮	川上牧場
緑6	11	スクリーンヒーロー	ウイングレイテスト	グレートキャティ2勝	栗 57 牡6	松岡	畠山吉	3450	13,644	ウイン	コスモヴューF
緑6	12	ディープブリランテ	ミッキーブリランテ	エピックラヴ愛	鹿 57.5 牡7	替坂井	矢作	5400	17,410	野田みづき	ノーザンF
橙7	13	ロードカナロア	タイムトゥヘヴン	キストゥヘヴン5勝	鹿 58 牡5	大野	戸田	4300	11,927	DMMドリームC	オリオンF
橙7	14	タートルボウル	ベレヌス	カフヴァール3勝	鹿 58 牡6	西村淳	杉山晴	4450	12,740	キャロットF	ノーザンF
桃8	15	ディープインパクト	ファルコニア	カンビーナ愛	鹿 58.5 牡6	吉田隼	高野	5850	19,805	社台RH	社台F
桃8	16	ラブリーデイ	ゾンニッヒ	エンドレスノット4勝	鹿 56 牡5	菅原明	池江寿	2400	8010	金子真人HD	坂東牧場

2023年	1着⑧インダストリア	（3番人気）	馬連 1800円
ダービー卿	2着④ジャスティンカフェ	（2番人気）	3連複 4760円
CT	3着⑯ゾンニッヒ	（5番人気）	3連単 29210円

注目サイン！

トップハンデ馬の±２枠が連対中
凄い！23年以外は1着

16 年　－2枠　５枠マジックタイム　　　1着
17 年　＋2枠　２枠ロジチャリス　　　　1着
18 年　－2枠　５枠ヒーズインラブ　　　1着
19 年　－2枠　１枠フィアーノロマーノ　1着
20 年　＋2枠　２枠クルーガー　　　　　1着
21 年　＋2枠　５枠テルツェット　　　　1着
22 年　－2枠　２枠タイムトゥヘヴン　　1着
23 年　＋2枠　２枠ジャスティンカフェ　2着

前年１番人気馬枠の隣枠が連対中
24年は1、3枠から連対馬が……

17 年　前年1番人気馬1枠　→　２枠ロジチャリス　　　　1着
18 年　前年1番人気馬3枠　→　２枠キャンベルジュニア　2着
19 年　前年1番人気馬2枠　→　１枠フィアーノロマーノ　1着
20 年　前年1番人気馬2枠　→　３枠ボンセルヴィーソ　　2着
21 年　前年1番人気馬4枠　→　５枠テルツェット　　　　1着
22 年　前年1番人気枠1枠　→　２枠タイムトゥヘヴン　　1着
23 年　前年1番人気枠5枠　→　４枠インダストリア　　　1着
24 年　前年1番人気枠2枠　→　１枠、３枠が候補

１枠か２枠が３着以内
23年は2番人気ジャスティンカフェが2着

17 年　２枠ロジチャリス　　　　1着
18 年　２枠キャンベルジュニア　2着
19 年　１枠フィア―ノロマーノ　1着
20 年　２枠クルーガー　　　　　1着
21 年　１枠ボンセルヴィーソ　　3着
22 年　２枠タイムトゥヘヴン　　1着
23 年　２枠ジャスティンカフェ　2着
※他に「Ｍ・デムーロ騎手の±２馬が連対中」も継続中。

GII ニュージーランドT

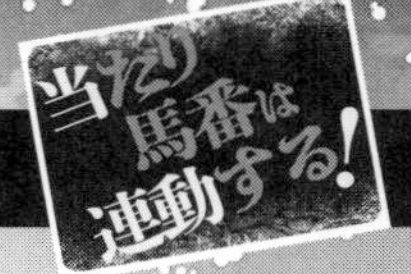

2024年4月6日　中山芝1600m（3歳）

正逆　9番　10番

アイビスSD	ニュージーランドT
2019年【正３番】２着	➡ 2020年【逆３番】シーズンギフト　２着
2020年【逆６番】２着	➡ 2021年【正６番】バスラットレオン　１着
2021年【逆６番】２着	➡ 2022年【正６番】ジャングロ　１着
2022年【逆２番】２着	➡ 2023年【逆２番】ウンブライル　２着
2023年【正10番】2着 【逆９番】２着	➡ **2024年【正逆９番、10番】**

馬番	枠	父	馬名	母	毛色・斤量・性齢	騎手	厩舎	賞金	総賞金	馬主	生産者
16	桃8	ビーチパトロール	シーウィザード	メリーウェザー 未勝	鹿 56 牡3	武豊	鹿戸雄	1000	3080	岡田牧雄	シンボリ牧場
15	桃8	ロードカナロア	ウンブライル	ラルケット 4勝	鹿 54 牝3	ルメール	木村	1000	2300	サンデーR	ノーザンF
14	橙7	エピファネイア	モリアーナ	ガルデルスリール 2勝	鹿 54 牝3	武藤	武藤	1000	3230	高橋文男	ノーザンF
13	橙7	ルーラーシップ	メイクアスナッチ	スナッチマインド 5勝	黒鹿 54 牝3	戸崎圭	武市	1650	2950	シルクR	白老F
12	緑6	ミッキーロケット	ジョウショーホープ	スターフォーユー 未勝	鹿 56 牡3	荻野極	新谷	900	2600	熊田義孝	福岡駿弥
11	緑6	ダノンバラード	ミシシッピテソーロ	ハピネスフォーユー 1勝	鹿 54 牝3	柴田大	畠山吉	1000	2950	了徳寺健二HD	リョーケンF
10	黄5	マジェスティックウォリアー	バグラダス	メジェルダ 1勝	鹿 56 牡3	三浦	嘉藤	900	2620	村田牧場	村田牧場
9	黄5	ヴィットリオドーロ	オマツリオトコ	マツリバヤシ 公	芦 56 牡3	永野	伊藤圭	3130	6980	是枝浩平	グランド牧場
8	青4	ルーラーシップ	ドルチェモア	アユサン 2勝	鹿 56 牡3	横山和	須貝尚	5500	11,000	スリーエイチR	下河辺牧場
7	青4	エーシントップ	(地)エイシンエイト	エイシンモルト 公	鹿 54 牝3	津村	田中剛	630	784	栄進堂	水丸牧場
6	赤3	ドゥラメンテ	シャンパンカラー	メモリアルライフ 英	栗 56 牡3	内田博	田中剛	900	1730	青山洋一	社台F
5	赤3	シルバーステート	エエヤン	シルクヴィーナス 未出	黒鹿 56 牡3	Mデムーロ	伊藤大	900	1562	ニッシンHD	須崎牧場
4	黒2	エピファネイア	サンライズジーク	プロヴィナージュ 4勝	鹿 56 牡3	坂井	矢作	900	1580	ライフハウス	社台F
3	黒2	デクラレーションオブウォー	ロードディフィート	カディーシャ 2勝	鹿 56 牡3	田辺	和田勇	900	1880	ロードHC	藤本F
2	白1	エピファネイア	ルミノメテオール	クイーンナイサー 未勝	黒鹿 54 牝3	横山武	金成	900	2510	尾上松壽	タイヘイ牧場
1	白1	カレンブラックヒル	ミスヨコハマ	ミスエリカ 1勝	黒鹿 54 牝3	石橋脩	斎藤誠	900	2540	大野富生	ノーザンF

2023年 ニュージーランドT			
	1着⑤エエヤン	（2番人気）	馬連 3920円
	2着⑮ウンブライル	（5番人気）	3連複 20460円
	3着⑥シャンパンカラー	（7番人気）	3連単 88850円

注目サイン！

正逆166番が3着以内
23年は7番人気シャンパンカラー3着、3連単8万馬券！

19年	正166番ワイドファラオ	1着
20年	逆166番ルフトシュトローム	1着
21年	正166番バスラットレオン	1着
22年	正166番マテンロウオリオン	2着
23年	正166番シャンパンカラー	3着

前走最低着順馬の±21馬が3着以内
22年は3番人気ジャングロが優勝

19年	ココフィーユ	－21馬ワイドファラオ	1着
20年	ペールエール	－21馬ウイングレイテスト	3着
21年	トーセンウォーリア	＋21馬バスラットレオン	1着
22年	ベルベッドブラボー	－21馬ジャングロ	1着
23年	ミシシッピテソーロ	－21馬シャンパンカラー	3着

2番人気馬か、その隣馬が連対中
23年は2番人気エエヤンが優勝

18年	カツジ	自身	1着
19年	ヴィッテルスバッハ	隣馬メイショウショウブ	2着
20年	ルフトシュトローム	自身	1着
21年	バスラットレオン	自身	1着
22年	ティーガーデン	隣馬マテンロウオリオン	2着
23年	エエヤン	自身	1着

前走3番人気馬か、その隣馬が3着以内
22年は1番人気マテンロウオリオンが2着

18年	アイスフィヨルド	隣馬カツジ	1着
19年	メイショウショウブ	自身	2着
20年	アブソルティスモ	隣馬ルフトシュトローム	1着
21年	スパークル	隣馬タイムトゥヘヴン	2着
22年	ティーガーデン	隣馬マテンロウオリオン	2着
23年	シャンパンカラー	自身	3着

GⅡ 阪神牝馬S

2024年4月6日　阪神芝1600m（4歳上牝馬）

正逆　4番 14番

セントライト記念	阪神牝馬S
2019年【正2番】2着	➡ 2020年【正2番】サウンドキアラ　1着
2020年【正9番】2着	➡ 2021年【逆9番】マジックキャッスル　2着
2021年【正2番】1着	➡ 2022年【正2番】アンドヴァラナウト　2着
2022年【正9番】1着	➡ 2023年【正9番】サウンドビバーチェ　1着
2023年【正4番】1着 【正14番】2着	➡ **2024年【正逆4番、14番】**

馬番	枠	馬名	父	母	毛色・斤量・性齢	騎手	厩舎	賞金	総賞金	馬主	生産者
1	白1	サブライムアンセム	ロードカナロア	パストフォリア4勝	鹿 55 牝4	岩田望	栗 藤原英	3000	6440	サンデーR	ノーザンF
2	黒2	コスタボニータ	イスラボニータ	レディイン仏	芦 55 牝4	替 鮫島駿	栗 杉山佳	2400	5442	谷掛龍夫	社台F
3	赤3	ウインシャーロット	スクリーンヒーロー	マリアヴェロニカ2勝	鹿 55 牝5	石川	美 和田郎	5300	13,070	ウイン	コスモヴューF
4	青4	フラーズダルム	キズナ	クーデグレイス4勝	鹿 55 牝5	替 北村友	栗 松永昌	2400	8245	吉田勝己	ノーザンF
5	黄5	ママコチャ	クロフネ	ブチコ4勝	鹿 55 牝4	松山	栗 池江寿	2400	6670	金子真人HD	ノーザンF
6	黄5	テンハッピーローズ	エピファネイア	フェータルローズ3勝	栗 55 牝5	替 藤岡康	栗 高柳大	2400	9610	天白泰司	社台F
7	緑6	ルージュスティリア	ディープインパクト	ドライヴンスノー米	鹿 55 牝4	替 川田	栗 藤原英	2400	4420	東京HR	社台牧場
8	緑6	ピンハイ	ミッキーアイル	レイテッド公	栗 55 牝4	替 高倉	栗 田中克	2350	8040	北畑忍	ヒダカF
9	橙7	サウンドビバーチェ	ドゥラメンテ	スクービドゥー独	黒鹿 55 牝4	替 浜中	栗 高柳大	1650	4220	増田雄一	三嶋牧場
10	橙7	アンドヴァラナウト	キングカメハメハ	グルヴェイグ5勝	黒鹿 55 牝5	替 吉田隼	栗 池添学	4600	13,650	サンデーR	ノーザンF
11	桃8	イズジョーノキセキ	エピファネイア	キングダンサー1勝	鹿 56 牝6	岩田康	栗 石坂公	5150	22,034	泉一郎	沖田哲夫
12	桃8	ディヴィーナ	モーリス	ヴィルシーナ5勝	鹿 55 牝5	替 池添	栗 友道	2400	5370	佐々木主浩	ノーザンF

2023年
阪神牝馬S

1着⑨サウンドビバーチェ（6番人気）　馬連 24120円
2着①サブライムアンセム（10番人気）　3連複 174040円
3着②コスタボニータ　（9番人気）　3連単 1016510円

注目サイン！

岩田康誠騎手の隣枠が1着継続中
23年は6番人気サウンドビバーチェ優勝、単勝1380円

15 年　－1枠カフェブリリアント　1着
18 年　＋1枠ミスパンテール　1着
19 年　＋1枠ミッキーチャーム　1着
20 年　＋1枠サウンドキアラ　1着
21 年　－1枠デゼル　1着
23 年　－1枠サウンドビバーチェ　1着
※ 16、17、22 年は同騎手の騎乗ナシ。

川田将雅騎手か、その±2馬が3着以内
21年は自身騎乗のデゼルで優勝

16 年　－2馬スマートレイアー　1着
18 年　－2馬ミスパンテール　1着
19 年　自身ミッキーチャーム　1着
20 年　＋2馬スカーレットカラー　2着
21 年　自身デゼル　1着
22 年　自身デゼル　3着
23 年　＋2馬サウンドビバーチェ　1着
※ 17 年は同騎手の騎乗ナシ。

前年2着馬番か、その隣馬が連対中
24年は①、②番と大外馬に要注意

19 年　2着⑭番　→　20 年　⑮番スカーレットカラー　2着
20 年　2着⑮番　→　21 年　⑯番マジックキャッスル　2着
21 年　2着④番　→　22 年　④番メイショウミモザ　1着
22 年　2着②番　→　23 年　①番ザブライムアンセム　2着
23 年　2着①番　→　24 年　①番、②番か、大外馬が候補
※他に「前走２番人気馬か、その隣馬が３着以内」も継続中。

GⅡ アーリントンC

2024年4月13日　阪神芝1600m（3歳）

当たり馬番は連動する！

正逆　10番 17番

京成杯	アーリントンC
2019年【正6番】1着	➡ 2020年【正6番】タイセイビジョン　1着
2020年【正10番】1着	➡ 2021年【逆10番】ホウオウアマゾン　1着
2021年【正5番】2着	➡ 2022年【逆5番】タイセイディバイン　2着
2022年【正6番】2着	➡ 2023年【正6番】オオバンブルマイ　1着
2023年【正17番】1着 【正10番】2着	➡ **2024年【正逆10番、17番】**

馬番	枠	馬名	父	母	斤量・性齢	騎手	調教師	賞金	総賞金	馬主	生産者
1	白1	ショーモン	マインドユアビスケッツ	エポキシ 未勝	56 牡3	鮫島駿	橋口慎	900	2530	林 瑛子	ノーザンF
2	白1	ユリーシャ	グレーターロンドン	アンジェリカス 未勝	54 牝3	松山	中村	1600	2903	竹下偉利	スカイビーチS
3	黒2	シルヴァーデューク	シルバーステート	ヴァナディース 1勝	56 牡3	池添	西村	400	2660	田畑利彦	沖田博志
4	黒2	セッション	シルバーステート	ミスドバウィ 4勝	56 牡3	団野	斉藤崇	400	1200	林 正道	ノーザンF
5	赤3	ナヴォーナ	ロードカナロア	セリエンホルデ 独	56 牡3	川田	矢作	400	620	ラ・メール	ノーザンF
6	赤3	オオバンブルマイ	ディスクリートキャット	ピンクガーベラ 未勝	56 牡3	武豊	吉村	2300	4500	岡 浩二	サンデーヒルズ
7	青4	トーホウガレオン	リアルスティール	デビルズコーナー 3勝	56 牡3	岩田康	石坂公	400	2220	東豊物産	ノーザンF
8	青4	タリエシン	キンシャサノキセキ	エヴァディングタンペット 英	56 牡3	幸	金成	900	2172	野田 努	社台F
9	黄5	キョウエイブリッサ	グレーターロンドン	キョウエイボズナン 未勝	56 牡3	酒井	武市	400	2190	田中晴夫	山口義彦
10	黄5	スカイロケット	ジャスタウェイ	ティッカーテープ 英	56 牡3	横山和	須貝尚	900	1480	シルクR	ノーザンF
11	緑6	オーシャントライブ	ルーラーシップ	パーブルセイル 2勝	56 牡3	藤岡康	高柳大	400	1233	サンデーR	ノーザンF
12	緑6	マルチャン	ラブリーデイ	ミオリチャン 4勝	56 牡3	高倉	武市	400	920	瀬谷隆雄	社台F
13	橙7	ドクタードリトル	デクラレーションオブウォー	ブルックデイル 4勝	56 牡3	西村淳	今野	400	2100	谷掛龍夫	社台F
14	橙7	アイルシャイン	ヴィクトワールピサ	ベストオブミー 2勝	56 牡3	横山典	新谷	400	700	勝本竜二	千代田牧場
15	橙7	ランスオブサウンド	ディープブリランテ	アンジェラスキッス 1勝	54 牝3	藤岡佑	奥村豊	400	1130	五影慶則	フジワラF
16	桃8	タイセイクラージュ	サトノクラウン	シェリール 4勝	56 牡3	和田竜	矢作	400	960	田中成奉	ノーザンF
17	桃8	(外)ヤクシマ	ハヴァナグレイ	サツマ 英	56 牡3	ルメール	寺島	1600	3920	ゴドルフィン	イギリス
18	桃8	(外)ティニア	フランケル	フォローアドリーム 米	56 牡3	荻野極	池江寿	900	2070	前田幸治	アイルランド

2023年 アーリントンC	1着⑥オオバンブルマイ	（5番人気）	馬連 4320円
	2着④セッション	（4番人気）	3連複 6660円
	3着①ショーモン	（2番人気）	3連単 42710円

注目サイン！

朝日杯FS出走歴のある馬が1着継続中
23年は5番人気オオバンブルマイが優勝

20年　タイセイビジョン　1着（朝日杯FS2着）
21年　ホウオウアマゾン　1着（朝日杯FS9着）
22年　ダノンスコーピオン　1着（朝日杯FS3着）
23年　オオバンブルマイ　1着（朝日杯FS7着）
※18年から継続中。

岩田康誠騎手の－1隣枠が3着以内
22年は4番人気キングエルメス3着、3連単2万馬券

19年　－1枠　トオヤリトセイト　3着
21年　－1枠　レイモンドバローズ　3着
22年　－1枠　キングエルメス　3着
23年　－1枠　オオバンブルマイ　1着
※18年から継続中。20年は同騎手の騎乗ナシ。

前走1番人気で1着馬か、その隣馬が3着以内
23年はワンツーで馬連4320円！

20年　ギルデッドミラー　隣馬プリンスリターン　3着
21年　リッケンバッカー　隣馬ホウオウアマゾン　1着
22年　ドンフランキー　隣馬ダノンスコーピオン　1着
23年　ナヴォーナ　隣馬オオバンブルマイ　1着
隣馬セッション　2着
※16年から継続中。

馬名頭文字か末尾「ト」馬の隣馬が3着以内
22年は7番人気タイセイディバイン2着、馬連2250円

18年　ラセット　隣馬レッドヴェイロン　3着
19年　オーパキャマラード　隣馬イベリス　1着
20年　ジュンライトボルト　隣馬タイセイビジョン　1着
21年　ピクシーナイト　隣馬ホウオウアマゾン　1着
22年　ムーンリットナイト　隣馬タイセイディバイン　2着
23年　トーホウガレオン　隣馬オオバンブルマイ　1着
※「ド」も対象。

GIII アンタレスS

当たり馬番は連動する!

2024年4月14日　阪神ダ1800m（4歳上）

クイーンS	アンタレスS
2019年【正６番】2着	➡ 2020年【逆６番】アナザートゥルース　2着
2020年【正９番】2着	➡ 2021年【逆９番】ヒストリーメイカー　2着
2021年【正９番】1着	➡ 2022年【逆９番】オメガパフューム　1着
2022年【正４番】2着	➡ 2023年【逆４番】プロミストウォリア　1着
2023年【正７番】1着 【正２番】2着	➡ **2024年【正逆２番、７番】**

白1	1	モーリス	カフジオクタゴン	メジロマリアン3勝	芦 58 牡4	吉田隼	矢作	3500	9104	加藤守	レイクヴィラF
黒2	2	カジノドライヴ	メイショウカズサ	プレシャスエルフ未出	栗 58 牡6	池添	安達	7000	14,970	松本好雄	日西牧場
黒2	3	トゥザグローリー	ゲンパチルシファー	ラブリイステラ2勝	鹿 58 牡7	酒井	佐々木晶	4300	15,720	平野武志	カナイシS
赤3	4	ジョーカプチーノ	キタノリューオー	モリトオウカ1勝	鹿 57 牡5	松若	萱野	2400	6367	北所直人	見上牧場
赤3	5	エスケンデレヤ	ダイメイコリーダ	ミラクルフラッグ1勝	栗 57 牡6	北村友	森田	1680	4925	宮本昇	出口牧場
青4	6	マジェスティックウォリアー	サンライズホープ	オーパスクイーン3勝	鹿 58 牡6	幸	羽月	7400	17,660	松岡隆雄	ヤナガワ牧場
青4	7	パイロ	ケイアイパープル	アルヴェナ加	鹿 58 牡7	藤岡康	村山	9020	19,808	ケイアイS	[illegible]牧場
黄5	8	ヘニーヒューズ	フルデプスリーダー	ファーストチェア未勝	鹿 58 牡6	西村淳	斎藤誠	5500	16,660	小田吉男	村田牧場
黄5	9	タートルボウル	ヴァンヤール	ブライトエルフ1勝	栗 57 牡5	荻野極	庄野	2660	7221	ヒダカBU	槇本牧場
緑6	10	ヘニーヒューズ	ゴールドハイアー	ゴールドグローリー1勝	栗 57 牡5	和田竜	大久保龍	2400	7570	居城寿与	北勝F
緑6	11	シニスターミニスター	キングズソード	キングスベリー3勝	鹿 57 牡4	岩田康	寺島	2400	5462	ヒダカBU	日進牧場
橙7	12	マジェスティックウォリアー	プロミストウォリア	プロミストスパーク5勝	鹿 59 牡6	鮫島駿	野中	5150	10,140	シルクR	坂東牧場
橙7	13	ダノンバラード	ロードブレス	ミステリューズ未勝	黒鹿 58 牡7	川須	奥村豊	6760	15,046	ロードHC	市川牧場
桃8	14	オルフェーヴル	オセアダイナスティ	ラヴアーズレーン5勝	栗 57 牡5	浜中	加藤征	2400	5676	XIAOジャパン	村田牧場
桃8	15	アメリカンペイトリオット	パワーブローキング	ピクシープリンセス3勝	鹿 57 牡4	大野	栗田徹	2400	5345	ゴドルフィン	ダーレージャパンF

2023年アンタレスS			
1着⑫プロミストウォリア	（1番人気）	馬連 840円
2着⑨ヴァンヤール	（4番人気）	3連複 1660円
3着⑪キングズソード	（2番人気）	3連単 5330円

注目サイン！

正逆4番が3着以内
23年は1番人気プロミストウォリアが順当勝ち

17 年　正4番ロンドンタウン　2着
18 年　逆4番クイーンズサターン　3着
19 年　正4番グリム　2着
20 年　正4番クリンチャー　3着
21 年　正4番テーオーケインズ　1着
22 年　逆4番グロリアムンディ　2着
23 年　逆4番プロミストウォリア　1着

前走①番ゲート馬の隣馬が連対中
20年は7番人気アナザートゥルース2着、馬連3930円！

18 年　ナムラアラシ　隣馬グレイトパール　1着
20 年　モズアトラクション　隣馬アナザートゥルース　2着
21 年　アナザートゥルース　隣馬ヒストリーメイカー　2着
22 年　ユアヒストリー　隣馬オメガパフューム　1着
23 年　ロードブレス　隣馬プロミストウォリア　1着
※ 19 年は該当馬の出走ナシ。

岩田康誠騎手の±2馬が3着以内
23年は4番人気ヴァンヤールが2着

15 年　＋2馬クリノスターオー　1着
16 年　－2馬アウォーディー　1着
17 年　－2馬ロワジャルダン　3着
21 年　＋2馬ロードブレス　3着
23 年　－2馬ヴァンヤール　2着
※ 18 ～ 20、22 年は同騎手の騎乗ナシ。

正8番か9番が連対中
22年は2番人気オメガパフュームが優勝

19 年　正9番アナザートゥルース　1着
20 年　正8番ウェスタールンド　1着
21 年　正8番ヒストリーメイカー　2着
22 年　正8番オメガパフューム　1着
23 年　正9番ヴァンヤール　2着

GII 福島牝馬S

2024年4月20日　福島芝1800m（4歳上牝馬）

正逆　6番 7番

ラジオNIKKEI賞	福島牝馬S	
2019年【正14番】1着 ➡	2020年【正14番】リープフラウミルヒ	2着
2020年【正11番】2着 ➡	2021年【正11番】ディアンドル	1着
2021年【正２番】1着 ➡	2022年【正２番】クリノプレミアム	2着
2022年【正７番】2着 ➡	2023年【逆７番】ビッグリボン	2着
2023年【正６番】1着 【正７番】2着 ➡	**2024年【正逆６番、７番】**	

馬番	15	14	13	12	11	10	9	8
枠	桃8	桃8	橙7	橙7	緑6	緑6	黄5	黄5
父	リアルインパクト	エピファネイア	リオンディーズ	ゴールドシップ	オルフェーヴル	ロードカナロア	ルーラーシップ	ロードカナロア
馬名	エイシンチラー	ニシノラブウインク	ストーリア	ウインピクシス	クリノプレミアム	ホウオウエミーズ	ビッグリボン	ジネストラ
母	エーシンサーフィン3勝	ニシノシルエット未勝	フェリス未勝	コスモアクセス4勝	ダンシングクイーン1勝	エミーズスマイル公	ブリッツフィナーレ未出	ハッピーパス5勝
毛色・斤量・性齢	鹿 55 牝5	鹿 55 牝4	鹿 55 牝4	芦 55 牝4	栗 55 牝6	鹿 55 牝6	鹿 55 牝5	鹿 55 牝5
騎手	荻野極	勝浦	横山武	松岡	柴田善	菱田	西村淳	三浦
調教師	田中剛	小手川	杉山晴	上原博	伊藤伸	池上和	中内田	鹿戸雄
賞金	2400	1150	2250	2400	5950	3600	2400	2400
総賞金	7200	2720	5890	5720	15,346	10,205	6110	8814
馬主	栄進堂	西山茂行	ロードHC	ウイン	栗本博晴	小笹芳央	石川達絵	サンデーR
生産者	栄進牧場	村上欽哉	宮内牧場	コスモヴューF	吉田F	社台F	下河辺牧場	ノーザンF

馬番	7	6	5	4	3	2	1
枠	青4	青4	赤3	赤3	黒2	黒2	白1
父	キングズベスト	ディープインパクト	モーリス	キングカメハメハ	ルーラーシップ	キズナ	オルフェーヴル
馬名	ミスニューヨーク	パーソナルハイ	ストゥーティ	エリカヴィータ	ホウオウイクセル	ステラリア	スライリー
母	マンハッタンミート1勝	パーソナルダイアリー米	リラヴァティ5勝	マルシアーノ3勝	メジロオードリー2勝	ポリネイター愛	ビジョナリー未勝
毛色・斤量・性齢	青鹿 56 牝6	鹿 55 牝4	鹿 55 牝5	青 57 牝4	鹿 55 牝5	黒鹿 55 牝5	鹿 55 牝5
騎手	加藤	斎藤	角田和	冨田	丸田	団野	丹内
調教師	杉山晴	矢作	奥村豊	国枝	高柳瑞	斉藤崇	相沢
賞金	6100	1450	1500	3000	2850	3700	1950
総賞金	18,177	3280	5880	5900	6790	7850	5380
馬主	高昭牧場	G1レーシング	キャロットF	三木正浩	小笹芳央	社台RH	ヒダカBU
生産者	高昭牧場	追分F	ノーザンF	ノーザンF	レイクヴィラF	白老F	白井牧場

2023年
福島牝馬S

1着②ステラリア	（8番人気）	馬連 5060円
2着⑨ビッグリボン	（2番人気）	3連複 9630円
3着⑪クリノプレミアム	（4番人気）	3連単 76350円

注目サイン！

馬名頭文字か末尾「ア」馬か、その隣馬が3着以内
21年はワンツー、馬連3300円！

19年	ビスカリア	隣馬ダノングレース	3着
20年	アロハリリー	隣馬リープフラウミルヒ	2着
21年	アバルラータ	隣馬ディアンドル	1着
	アフランシール	隣馬ドナアトラエンテ	2着
22年	アナザーリリック	自身	1着
23年	ステラリア	自身	1着

正逆4番か5番が3着以内
22年は3番人気アナザーリリックが優勝

18年	正4番カワキタエンカ	2着
19年	正5番デンコウアンジュ	1着
20年	正5番リープフラウミルヒ	2着
21年	逆4番ドナアトラエンテ	2着
22年	正4番アナザーリリック	1着
23年	逆5番クリノプレミアム	3着

前走⑨番ゲート馬か、その隣馬が3着以内
20年は15番人気ランドネ3着、3連単227万馬券！

18年	ノットフォーマル	隣馬キンショーユキヒメ	1着
19年	ビスカリア	隣馬ダノングレース	3着
20年	エスポワール	隣馬ランドネ	3着
21年	ドナアトラエンテ	自身	2着
23年	ステラリア	自身	1着

※15年から継続中。22年は該当馬の出走ナシ。

丹内祐次騎手の±23馬が3着以内
23年は2番人気ビッグリボンが2着

19年	＋23馬ダノングレース	3着
20年	－23馬フェアリーポルカ	1着
22年	＋23馬アナザーリリック	1着
23年	＋23馬ビッグリボン	2着

※17年から継続中。21年は同騎手の騎乗ナシ。

GII フローラS

2024年4月21日　東京芝2000m（3歳牝馬）

正逆　7番 15番

みやこS	フローラS	
2019年【正３番】２着	➡ 2020年【正３番】ウインマリリン	１着
2020年【正６番】１着	➡ 2021年【逆６番】スライリー	２着
2021年【正３番】１着	➡ 2022年【正３番】パーソナルアイ	２着
2022年【正14番】1着	➡ 2023年【逆14番】ソーダズリング	２着
2023年【正15番】1着 【正７番】２着	➡ **2024年【正逆７番、15番】**	

馬番	枠	父	馬名	母	毛色	斤量・性齢	騎手	調教師	賞金	総賞金	馬主	生産者
1	白1	エピファネイア	ブライトジュエリー	エアパスカル2勝	黒鹿	54 牝3	鮫島駿	橋口慎	400	550	西村清子	静内F
2	黒2	ハーツクライ	ソーダズリング	ソーマジック4勝	黒鹿	54 牝3	戸崎圭	音無	400	770	社台RH	社台F
3	黒2	ゴールドシップ	マンマリアーレ	カラヴィンカ未勝	芦	54 牝3	吉田豊	高木	400	1279	ディアレストC	小島牧場
4	赤3	マインドユアビスケッツ	クイーンオブソウル	ビジューミニョン2勝	栗	54 牝3	津村	林	400	1500	ジャコモ	社台F
5	赤3	サトノダイヤモンド	アウフヘーベン	ランウェイ3勝	鹿	54 牝3	太宰	高橋亮	400	1060	GETNEXT	須崎牧場
6	青4	ハービンジャー	キミノナハマリア	シャドウマリア1勝	栗	54 牝3	鮫島良	千田	900	2500	浦野和由	社台F
7	青4	ゴールドシップ	ゴールデンハインド	オレゴンレディ	芦	54 牝3	菅原明	武市	400	2480	ラフィアン	ビッグレッドF
8	黄5	ゴールドシップ	イトカワサクラ	カワカミサクラ	芦	54 牝3	大野	牧田	400	550	二口雅一	三石川上牧場
9	黄5	キズナ	レシプロシティ	サブレザ	黒鹿	54 牝3	和田竜	田村	400	660	社台RH	社台F
10	緑6	ハーツクライ	バロッサヴァレー	ビラミマ未勝	鹿	54 牝3	石橋脩	高野	400	963	シルクR	ノーザンF
11	緑6	サトノダイヤモンド	ドゥムーラン	アメリ3勝	鹿	54 牝3	レーン	尾関	400	550	サンデーR	ノーザンF
12	橙7	ドゥラメンテ	ティファニードンナ	オビュレンス	青	54 牝3	北村宏	木村	400	960	三木正浩	三嶋牧場
13	橙7	キズナ	コイニョウボウ	ラブザントゥール未勝	黒鹿	54 牝3	田辺	中尾秀	400	605	岡浩二	サンデーヒルズ
14	桃8	(外)キングマン	イングランドアイズ	ヌーヴォレコルト6勝	鹿	54 牝3	横山和	安田翔	400	1260	原禮子	イギリス
15	桃8	ハーツクライ	ピクシレーション	シアードラマ	鹿	54 牝3	横山武	菊沢	400	740	社台RH	社台F

2023年 フローラS	1着⑦ゴールデンハインド（7番人気）	馬連 2600円
	2着②ソーダズリング　（1番人気）	3連複 7760円
	3着①ブライトジュエリー　（4番人気）	3連単 59120円

注目サイン！

正逆32番が連対中
22年は5番人気エリカヴィータ優勝、単勝1660円

20年　逆32番ウインマリリン　1着
21年　正32番クールキャット　1着
22年　正32番エリカヴィータ　1着
23年　正32番ソーダズリング　2着

前走⑦番ゲート馬の隣馬が3着以内
23年は7番人気ゴールデンハインド優勝、単勝1660円

18年	ウスベニノキミ	隣馬サトノワルキューレ	1着
19年	ペレ	隣馬ウィクトーリア	1着
20年	ショウナンハレルヤ	隣馬フアナ	3着
21年	オメガロマンス	隣馬クールキャット	1着
22年	ヴァンルーラー	隣馬シンシアウィッシュ	3着
23年	キミノナハマリア	隣馬ゴールデンハインド	1着

石橋脩騎手の±22馬が連対中
21年は14番人気スライリー2着、馬連4万馬券！

15年　－22馬シングウィズジョイ　1着
16年　－22馬パールコード　2着
18年　－22馬サトノワルキューレ　1着
19年　－22馬ウィクトーリア　1着
21年　＋22馬スライリー　2着
23年　＋22馬ソーダズリング　2着
※17、20、22年は同騎手の騎乗ナシ。

大野拓弥騎手の±39馬が連対中
20年は4番人気ウインマリリン優勝、単勝1140円

18年　－39馬パイオニアバイオ　2着
19年　－39馬シャドウディーヴァ　2着
20年　－39馬ウインマリリン　1着
21年　＋39馬クールキャット　1着
22年　＋39馬エリカヴィータ　1着
23年　＋39馬ソーダズリング　2着

GⅡ マイラーズC

2024年4月21日　京都芝1600m（4歳上）

正逆　4番7番

アンタレスS	マイラーズC	
2019年【逆8番】1着	➡ 2020年【逆8番】ベステンダンク	2着
2020年【逆6番】2着	➡ 2021年【正6番】アルジャンナ	2着
2021年【逆9番】2着	➡ 2022年【逆9番】ホウオウアマゾン	2着
2022年【逆9番】1着	➡ 2023年【逆9番】ガイアフォース	2着
2023年【逆4番】1着 【逆7番】2着	➡ **2024年【正逆4番、7番】**	

馬番	枠	馬名	父	母	斤量・性齢	騎手	調教師			馬主	生産者
1	白1	グラティアス	ハーツクライ	マラコスタムブラダ 亜	57 牡5	Mデムーロ	宮田	2300	8490	スリーエイチR	ノーザンF
2	黒2	(外)トリプルエース	シャマーダル	トリプルビルエット 公	57 牡6	団野	斉藤崇	2500	8200	ゴドルフィン	アイルランド
3	黒2	ジャスティンスカイ	キタサンブラック	リアリサトリス 仏	57 牡4	川田	友道	3800	8100	三木正浩	ノーザンF
4	赤3	サヴァ	アイルハヴアナザー	ダイワバーガンディ 2勝	57 牡5	松若	上村	3900	7620	藤田孟司	大北牧場
5	赤3	(外)ゴールデンシロップ	ハヴァナゴールド	マスコヴァド 米	57 牡5	藤岡佑	木村	2400	4990	ゴドルフィン	アイルランド
6	青4	ダイメイフジ	アグネスデジタル	ダイメイダーク 1勝	57 牡9	池添	森田	5000	23,400	宮本昇	槇井哲
7	青4	ガイアフォース	キタサンブラック	ナターレ 公	58 牡4	西村淳	杉山晴	3600	8300	KRジャパン	[illegible]分F
8	黄5	マテンロウオリオン	ダイワメジャー	パルテノン 未勝	57 牡4	横山典	晃	6200	13,310	寺田千代乃	ムラカミF
9	黄5	ザイツィンガー	ドリームジャーニー	ザッハトルテ 4勝	57 牡7	北村友	牧田	2400	7030	永田和彦	森永牧場
10	緑6	(外)シュネルマイスター	キングマン	セリエンホルデ 独	58 牡5	ルメール	手塚	16,800	39,610	サンデーR	ドイツ
11	緑6	ビーアストニッシド	アメリカンペイトリオット	マオリオ 未出	57 牡4	岩田康	飯田雄	3700	8990	村中徹	ヴェルサイユF
12	橙7	キングエルメス	ロードカナロア	ステラリード 2勝	57 牡4	坂井	矢作	3500	7960	広尾レース	木村秀則
13	橙7	シャイニーロック	ベルシャザール	ノードラメール 未勝	57 牡7	酒井	佐々木晶	3800	12,389	小林昌志	川島高橋育成
14	桃8	エアロロノア	キングカメハメハ	エアワンピース 4勝	57 牡6	武豊	笹田	6050	14,413	ラッキーF	社台F
15	桃8	ソウルラッシュ	ルーラーシップ	エターナルブーケ 未勝	58 牡5	松山	池江寿	6550	16,060	石川達絵	下河辺牧場

2023年 マイラーズ C			
	1着⑩シュネルマイスター	（1番人気）	馬連 1170円
	2着⑦ガイアフォース	（4番人気）	3連複 1420円
	3着⑮ソウルラッシュ	（3番人気）	3連単 7370円

注目サイン！

正37番が連対中
23年は7番人気ガイアフォース2着

20 年　正 37 番インディチャンプ　1着
21 年　正 37 番ケイデンスコール　1着
22 年　正 37 番ホウオウアマゾン　2着
23 年　正 37 番ガイアフォース　2着

川田将雅騎手の±4馬が3着以内
22年は1番人気ホウオウアマゾンが2着

17 年　＋4馬イスラボニータ　1着
18 年　－4馬エアスピネル　3着
19 年　－4馬パクスアメリカーナ　3着
20 年　－4馬ヴァンドギャルド　3着
22 年　＋4馬ホウオウアマゾン　2着
23 年　＋4馬ガイアフォース　2着
※ 21 年は同騎手の騎乗ナシ。

C・ルメール騎手の−2枠が3着以内
18年は4番人気サングレーザーが優勝

15 年　－2枠フィエロ　3着
17 年　－2枠ヤングマンパワー　3着
18 年　－2枠サングレーザー　1着
19 年　－2枠パクスアメリカーナ　3着
23 年　－2枠ガイアフォース　2着
※ 16、20 ～ 22 年は同騎手の騎乗ナシ。

松若風馬騎手の±19馬が3着以内
23年は3番人気ソウルラッシュが3着

17 年　－ 19 馬エアスピネル　2着
20 年　＋ 19 馬インディチャンプ　1着
21 年　－ 19 馬カイザーミノル　3着
23 年　－ 19 馬ソウルラッシュ　3着
※ 18、19、22 年は同騎手の騎乗ナシ。

GⅡ 青葉賞

2024年4月27日　東京芝2400m（3歳）

正逆 2番 15番

平安S	青葉賞	
2019年【正７番】1着 ➡	2020年【正７番】ヴァルコス	2着
2020年【逆10番】1着 ➡	2021年【正10番】キングストンボーイ	2着
2021年【逆12番】1着 ➡	2022年【逆12番】プラダリア	1着
2022年【正４番】1着 ➡	2023年【正４番】ハーツコンチェルト	2着
2023年【正２番】1着 【逆15番】1着 ➡	**2024年【正逆２番、15番】**	

馬番	15	14	13	12	11	10	9	8	7	6	5	4	3	2	1
枠	桃8		橙7		緑6		黄5		青4		赤3		黒2		白1
父	シルバーステート	マインドユアビスケッツ	ミッキーロケット	キズナ	キタサンブラック	キズナ	エピファネイア	モーリス	ネロ	キタサンブラック	キズナ	ハーツクライ	リアルスティール	キズナ	ゴールドシップ
馬名	ロゼル	マサハヤウォルズ	メイテソーロ	アサカラキング	スキルヴィング	サヴォーナ	シャドウソニック	ヒシタイカン	ニシノレヴナント	グランヴィノス	アームブランシュ	ハーツコンチェルト	ヨリマル	ティムール	マイネルエンペラー
母	レーヌユニヴェール 未勝	ペイフォワード 未勝	フリップフロップ 1勝	アサカラヴァーズ 未勝	ロスヴァイセ 3勝	テイケイラピッド 1勝	シャドウムーン 2勝	リュラ 未勝	ニシノアモーレ 3勝	ハルーワスウィート 5勝	ソウルフルヴォイス 4勝	ナスノシベリウス 3勝	テイエムオーシャン 7勝	ホワイトローズⅡ 米	マイネテレジア 1勝
斤量・性齢	56 牡3	56 牡3	56 牡3	56 牡3	56 牡3	56 牡3	56 牡3	56 牡3	56 牡3	56 牡3	56 牡3	56 牡3	56 牡3	56 牡3	56 牡3
騎手	津村	永野	川田	石川	ルメール	池添	坂井	Mデムーロ	大野	レーン	吉田豊	松山	菅原明	三浦	和田竜
調教師	大和田	今野	武市	斎藤誠	木村	中竹	辻野	堀	上原博	友道	竹内	武井	上村	中竹	清水久
	400	400	900	400	900	900	400	400	400	400	400	400	900	400	400
	1680	780	2310	863	1870	3250	1062	700	760	700	1710	1950	1830	1200	1360
馬主	田中純一	中村政夫	了徳寺健二HD	山口雄司	キャロットF	加藤誠	飯塚知一	阿部雅英	西山茂行	佐々木主浩	古川一弘	グリーンファーム	辻子依旦	前田幸治	ラフィアン
生産者	杵臼牧場	社台F	アイズS	協和牧場	ノーザンF	高昭牧場	社台F	ノーザンF	[illegible]ツヤF	ノーザンF	社台F	ハシモトF	川越F	社台F	ビッグレッドF

2023年 青葉賞			
	1着⑪スキルヴィング	（1番人気）	馬連 560円
	2着④ハーツコンチェルト	（2番人気）	3連複 14640円
	3着②ティムール	（11番人気）	3連単 37200円

注目サイン！

逆12番が3着以内
23年は2番人気ハーツコンチェルトが2着

19年	逆12番ピースワンパラディ	3着
20年	逆12番ヴァルコス	2着
21年	逆12番レッドヴェロシティ	3着
22年	逆12番プラダリア	1着
23年	逆12番ハーツコンチェルト	2着

大野拓弥騎手の±19馬が3着以内
近5年は＋19馬が連続の馬券圏内

18年	－19馬エタリオウ	2着
19年	＋19馬リオンリオン	1着
20年	＋19馬オーソリティ	1着
21年	＋19馬レッドヴェロシティ	3着
22年	＋19馬ロードレゼル	2着
23年	＋19馬スキルヴィング	1着

前走3番人気馬か、その隣馬が3着以内
23年は11番人気ティムール3着、3連単3万馬券

16年	レッドエルディスト	自身	2着
17年	トリコロールブルー	隣馬アドミラブル	1着
18年	オブセッション	隣馬ゴーフォザサミット	1着
19年	ピースワンパラディ	自身	3着
20年	オーソリティ	自身	1着
21年	ワンダフルタウン	自身	1着
22年	サンライズエース	隣馬プラダリア	1着
23年	マイネルエンペラー	隣馬ティムール	3着

※他に「２枠か５枠が３着以内」も継続中。

GII 京都新聞杯

2024年5月4日　京都芝2200m（3歳）

正逆　1番7番

東京スポーツ杯2歳S	京都新聞杯	
2019年【正6番】1着	➡ 2020年【正6番】ディープボンド	1着
2020年【正2番】2着	➡ 2021年【逆2番】レッドジェネシス	1着
2021年【正3番】2着	➡ 2022年【正3番】アスクワイルドモア	1着
2022年【正6番】2着	➡ 2023年【正6番】サトノグランツ	1着
2023年【正7番】1着 【正1番】2着	➡ **2024年【正逆1番、7番】**	

桃8 12	桃8 11	橙7 10	橙7 9	緑6 8	緑6 7	黄5 6	黄5 5	青4	赤3	黒2	白1
キズナ	マインドユアビスケッツ	キズナ	エピファネイア	ハービンジャー	ハーツクライ	サトノダイヤモンド	オルフェーヴル	フリオーソ	ディーマジェスティ	ゴールドシップ	イスラボニータ
リビアングラス	ディープマインド	ファームツエンティ	マキシ	アスクドゥポルテ	ダノントルネード	サトノグランツ	マコトヴェリーキー	トーホウレーゲン	ドットクルー	マイネルラウレア	オメガリッチマン
ディルガ2勝	ディープデザイア1勝	ダノンエレガント3勝	ラキシス5勝	ジャジャウマガール1勝	シーウィルレイン	チェリーコレクト	マコトブリジャール7勝	トーホウアスティ未勝	スターオブロゼッタ未出	マイネボヌール4勝	エルカラファテ未勝
青 56 牡3	栗 56 牡3	青鹿 56 牡3	鹿 56 牡3	鹿 56 牡3	黒鹿 56 牡3	鹿 56 牡3	鹿 56 牡3	栗 56 牡3	鹿 56 牡3	芦 56 牡3	鹿 56 牡3
鮫島駿	替団野	池添	替松山	岩田康	替西村淳	替川田	松若	替幸	岩田望	替和田竜	替横山典
矢作	本田	北出	辻野	河内	中内田	友道	上村	石坂公	笹田	宮	安田翔
900	400	400	400	400	400	900	400	400	900	1600	1200
1413	848	1230	890	1100	1420	1800	643	620	3027	2700	2172
ノースヒルズ	深見敏男	ウエストヒルズ	大島昌也	廣崎利洋HD	ダノックス	里見治	ディアマント	東豊物産	幅田昌伸	ラフィアン	原禮子
ノースヒルズ	フジワラF	千代田牧場	ノーザンF	ASK STUD	ノーザンF	ノーザンF	辻牧場	竹島幸治	佐々木牧場	ビッグレッドF	社台F

2023年 京都新聞杯		
1着⑥サトノグランツ	（1番人気）	馬連 650円
2着⑦ダノントルネード	（2番人気）	3連複 2490円
3着⑫リビアングラス	（7番人気）	3連単 7720円

注目サイン！

馬名頭文字か末尾「ス」馬か、その隣馬が3着以内
22年以外は自身が馬券に絡む

16年	スマートオーディン	自身	1着
17年	ダノンディスタンス	自身	3着
18年	ステイフーリッシュ	自身	1着
19年	ロジャーバローズ	自身	2着
21年	レッドジェネシス	自身	1着
22年	ストップザタイム	隣馬アスクワイルドモア	1着
23年	リビアングラス	自身	3着

※「ズ」も対象。20年は該当馬の出走ナシ。

池添謙一騎手の±21馬が3着以内
22年は7番人気ヴェローナシチー2着、馬連7500円！

14年	＋21馬ガリバルディ	3着
15年	＋21馬アルバートドック	3着
16年	±21馬スマートオーディン	1着
17年	＋21馬ダノンディスタンス	3着
18年	＋21馬シャルドネゴールド	3着
19年	±21馬サトノソロモン	3着
22年	−21馬ヴェローナシチー	2着
23年	＋21馬ダノントルネード	2着

※20、21年は同騎手の騎乗ナシ。他に「藤岡康太騎手の隣枠が3着以内」も継続中。

2番人気馬か、その隣馬が3着以内
こちらも22年以外は自身が馬券圏内に突入

19年	ロジャーバローズ	自身	2着
20年	ファルコニア	自身	3着
21年	マカオンドール	自身	3着
22年	ポッドボレット	隣馬ヴェローナシチー	2着
23年	ダノントルネード	自身	2着

GIII 新潟大賞典

当たり馬番は連動する!

2024年5月5日　新潟芝2000m（4歳上）

ジャパンC	新潟大賞典
2019年【正５番】1着	➡ 2020年【逆５番】アトミックフォース　2着
2020年【正２番】1着	➡ 2021年【正２番】サンレイポケット　1着
2021年【正２番】1着	➡ 2022年【逆２番】レッドガラン　1着
2022年【正６番】1着	➡ 2023年【正６番】セイウンハーデス　2着
2023年【正２番】1着 【正１番】2着	➡ **2024年【正逆１番、２番】**

馬番	枠	父	馬名	母（成績）	毛色・斤量・性齢	騎手	調教師	賞金	総賞金	馬主	生産者
1	白1	キングズベスト	トーラスジェミニ	エリモエトワール 1勝	鹿 58 牡7	木幡育	小桧山	8450	19,550	柴原榮	川上牧場
2	白1	トゥザグローリー	カラテ	レディーノパンチ 未出	黒鹿 59 牡7	菅原明	辻野	10,050	21,180	小田切光	中地康弘
3	黒2	ディープインパクト	レッドランメルト	クイーンズアドヴァイス 亜	鹿 56 牡4	荻野極	国枝	2400	5830	東京HR	社台牧場
4	黒2	ザファクター	ショウナンマグマ	レッドメアラス 未勝	栗 57 牡4	石橋脩	尾関	3100	5720	国本哲秀	青藍牧場
5	赤3	キングカメハメハ	プラヴァス	ヴィルシーナ 5勝	青鹿 57 牡7	今村	友道	6050	14,650	佐々木主浩	ノーザンF
6	赤3	シルバーステート	セイウンハーデス	ハイノリッジ 未勝	黒鹿 56 牡4	津村	橋口慎	2500	6461	西山茂行	鮫川啓一
7	青4	ハービンジャー	カレンルシェルブル	カレンケカリーナ 5勝	鹿 57 牡5	斎藤	安田翔	3800	11,531	鈴木隆司	社台F
8	青4	ディープブリランテ	モズベッロ	ハーランズルビー 米	鹿 57.5 牡7	角田和	森田	8400	22,750	キャピタルS	村田牧場
9	黄5	ヴィクトワールピサ	ロングラン	ノッテビアンカ 仏	栗 55 騸5	勝浦	和田勇	2400	5500	梅澤明	社台F
10	黄5	ディープインパクト	キラーアビリティ	キラーグレイシス 米	青鹿 59 牡4	北村友	斉藤崇	6050	13,180	キャロットF	ノーザンF
11	緑6	オルフェーヴル	イクスプロージョン	ファシネイション 未勝	鹿 57 牡5	和田竜	杉山晴	3600	9377	近藤英子	ノーザンF
12	緑6	イスラボニータ	ヤマニンサルバム	ヤマニンエマイユ 6勝	黒鹿 56 牡4	浜中	中村	2400	7958	土井肇	錦岡牧場
13	橙7	ジャングルポケット	ピースワンパラディ	クリアソウル 1勝	鹿 57.5 牡7	丹内	大竹	4600	14,190	長谷川成利	高山牧場
14	橙7	ディープインパクト	カイザーバローズ	ジェニサ 米	青鹿 56 牡5	藤岡佑	中内田	3250	6560	猪熊広次	下河辺牧場
15	桃8	ダイワメジャー	スパイダーゴールド	シュガーショック 米	栗 56 牡4	石川	鹿戸雄	2400	5495	村木隆	ノーザンF
16	桃8	キングカメハメハ	ハヤヤッコ	マシュマロ 2勝	白 58.5 牡7	丸山	国枝	7650	20,850	金子真人HD	ノーザンF

2023年 新潟大賞典	1着②カラテ	（5番人気）	馬連 2330円
	2着⑥セイウンハーデス	（2番人気）	3連複 25200円
	3着⑪イクスプロージョン	（12番人気）	3連単 109330円

注目サイン！

馬名末尾「ル」馬の隣馬が3着以内
22年は7番人気レッドガラン優勝、単勝1420円

19年 メートルダール 隣馬ロシュフォール 3着
20年 メートルダール 隣馬アトミックフォース 2着
21年 バスカヴィル 隣馬サンレイポケット 1着
22年 ヤシャマル 隣馬レッドガラン 1着
23年 カレンルシェルブル 隣馬セイウンハーデス 2着

勝浦正樹騎手の±46馬が3着以内
23年は12番人気イクスプロージョン3着、3連単10万馬券！

16年 －46馬パッションダンス 1着
17年 ＋46馬メートルダール 3着
18年 ＋46馬ナスノセイカン 3着
20年 ＋46馬トーセンスーリヤ 1着
21年 ＋46馬サンレイポケット 1着
22年 ＋46馬カイザーバローズ 2着
23年 －46馬イクスプロ―ジョン 3着
※19年は同騎手の騎乗ナシ。

前走1着馬か、その隣馬が3着以内
23年は2番人気セイウンハーデス2着

19年 メールドグラース 自身 1着
20年 トーセンスーリヤ 自身 1着
21年 サトノエルドール 隣馬ポタジェ 2着
22年 カイザーバローズ 自身 2着
23年 セイウンハーデス 自身 2着

浜中俊騎手の±3枠が連対中
問題は浜ちゃんの24年騎乗があるかどうかだ

12年 －3枠ヒットザターゲット 1着
17年 ＋3枠サンデーウィザード 1着
19年 ＋3枠ミッキースワロー 2着
23年 ＋3枠カラテ 1着
※13～16、18、20～22年は同騎手の騎乗ナシ。

GII 京王杯スプリングC

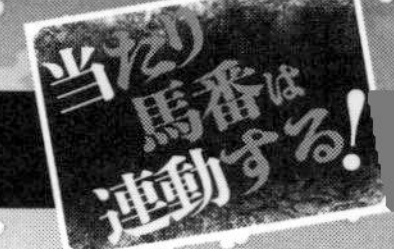

2024年5月11日　東京芝1400m（4歳上）

正逆　4番 7番

アンタレスS	京王杯スプリングC
2019年【逆13番】2着	➡ 2020年【正13番】ダノンスマッシュ　1着
2020年【逆６番】２着	➡ 2021年【逆６番】トゥラヴェスーラ　２着
2021年【逆９番】２着	➡ 2022年【逆９番】スカイグルーヴ　２着
2022年【逆９番】１着	➡ 2023年【逆９番】ウインマーベル　２着
2023年【逆４番】１着 【逆７番】２着	➡ **2024年【正逆４番、７番】**

枠	馬番	馬名	父	母	斤量・性齢	騎手	調教師	賞金	総賞金	馬主	生産者
白1	1	ダノンスコーピオン	ロードカナロア	レキシールー 加	58 牡4	川田	安田隆	9700	22,700	ダノックス	ケイアイF
白1	2	ロードマックス	ディープインパクト	パーフェクトトリビュート 英	57 牡5	団野	藤原英	3250	7390	ロードHC	ケイアイF
黒2	3	ヴィクティファルス	ハーツクライ	ヴィルジニア 3勝	57 騸5	石川	池添学	3850	8400	G1レーシング	ノーザンF
黒2	4	ゾンニッヒ	ラブリーデイ	エンドレスノット 4勝	57 牡5	レーン	池江寿	2400	9010	金子真人HD	坂東牧場
赤3	5	ベレヌス	タートルボウル	カフヴァール 3勝	57 牡6	西村淳	杉山晴	4450	12,740	キャロットF	ノーザンF
赤3	6	ホープフルサイン	モンテロッソ	ステラーホープ 2勝	57 牡7	北村宏	本間	3800	11,522	Aサッポロ	日進牧場
青4	7	カルリーノ	マツリダゴッホ	アイリスモレア 1勝	57 牡7	田辺	高橋裕	2400	12,436	Gリビエール R	松栄牧場
青4	8	トゥラヴェスーラ	ドリームジャーニー	ジャジャマーチャン 未出	57 牡8	丹内	高橋康	6300	[illegible]3,615	[illegible]田照哉	社台F
黄5	9	ピクシーナイト	モーリス	ピクシーホロウ 3勝	58 牡5	戸崎圭	音無	10,800	22,320	シルクR	ノーザンF
黄5	10	ウインマーベル	アイルハヴアナザー	コスモマーベラス 7勝	57 牡4	松山	深山	8450	17,792	ウイン	コスモヴューF
緑6	11	ミッキープリランテ	ディープブリランテ	エピッククラヴ 愛	57 牡7	菅原明	矢作	5400	17,410	野田みづき	ノーザンF
緑6	12	レッドモンレーヴ	ロードカナロア	ラストグルーヴ 1勝	57 牡4	横山和	蛯名正	2400	5630	東京HR	ノーザンF
橙7	13	レイモンドバローズ	ヴィクトワールピサ	レッドレイチェル 1勝	57 牡5	横山武	上村	2400	5940	猪熊広次	社台F
橙7	14	ラウダシオン	リアルインパクト	アンティフォナ 1勝	58 牡6	岩田康	斉藤崇	12,350	29,512	シルクR	白老F
橙7	15	ダディーズビビッド	キズナ	ケイティーズギフト 1勝	57 牡5	浜中	千田	4350	14,270	田島大史	上水牧場
桃8	16	アヴェラーレ	ドゥラメンテ	アルビアーノ 4勝	55 牝5	ルメール	木村	2400	7244	シルクR	ノーザンF
桃8	17	タイムトゥヘヴン	ロードカナロア	キストゥヘヴン 5勝	57 牡5	大野	戸田	4300	11,927	DMMドリームC	オリオンF
桃8	18	グラスミヤラビ	サトノアラジン	グラスケリー 未勝	55 牝4	柴田善	杉浦	2400	5890	半沢	飛渡牧場

2023年 京王杯 スプリングC			
	1着⑫レッドモンレーヴ	（2番人気）	馬連 2720円
	2着⑩ウインマーベル	（7番人気）	3連複 8090円
	3着⑮ダディーズビビッド	（6番人気）	3連単 38140円

注目サイン！

正逆25番が連対中
20年以外は1着、オイシイ！

19 年　正 25 番タワーオブロンドン　1着
20 年　正 25 番ステルヴィオ　2着
21 年　逆 25 番ラウダシオン　1着
22 年　逆 25 番メイケイエール　1着
23 年　逆 25 番レッドモンレーヴ　1着

正逆40番が3着以内
こちらはヒモ向きか

19 年　逆 40 番タワーオブロンドン　1着
20 年　逆 40 番ダノンスマッシュ　1着
21 年　逆 40 番トゥラヴェスーラ　2着
22 年　正 40 番スカイグルーヴ　2着
23 年　逆 40 番ダディーズビビッド　3着

戸崎圭太騎手の±3馬が3着以内
23年は2番人気レッドモンレーヴが優勝

15 年　－3馬オメガヴェンデッタ　3着
16 年　－3馬サトノアラジン　1着
17 年　＋3馬クラレント　2着
18 年　－3馬ムーンクエイク　1着
19 年　＋3馬タワーオブロンドン　1着
22 年　－3馬スカイグルーヴ　2着
23 年　＋3馬レッドモンレーヴ　1着
※ 14 年から継続中。20、21 年は同騎手の騎乗ナシ。

大野拓弥騎手の±31馬が3着以内
21年は8番人気カイザーミノル3着、3連単8万馬券！

18 年　－ 31 馬サトノアレス　3着
19 年　－ 31 馬ロジクライ　3着
21 年　－ 31 馬カイザーミノル　3着
22 年　＋ 31 馬スカイグルーヴ　2着
23 年　＋ 31 馬レッドモンレーヴ　1着
※ 20 年は同騎手の騎乗ナシ。

GIII 平安S

2024年5月18日　京都ダ1900m（4歳上）

正逆 2番 7番

きさらぎ賞		平安S	
2019年【正４番】1着	➡	2020年【逆４番】ヴェンジェンス	2着
2020年【正１番】1着	➡	2021年【逆１番】アメリカンシード	2着
2021年【正３番】2着	➡	2022年【正３番】ケイアイパープル	2着
2022年【正２番】1着	➡	2023年【正２番】グロリアムンディ	1着
2023年【正２番】1着 【正７番】2着	➡	**2024年【正逆２番、７番】**	

枠	馬番	父	馬名	母（成績）	毛色	斤量	性齢	騎手	調教師	賞金	総賞金	馬主	生産者
白1	1	マジェスティックウォリアー	サンライズホープ	オーパスクイーン3勝	鹿	57	牡6	幸	羽月	7400	17,660	松岡隆雄	ヤナガワ牧場
白1	2	キングカメハメハ	グロリアムンディ	ベットーレ伊	鹿	58	牡5	川田	大久保龍	6350	14,750	吉田和美	ノーザンF
黒2	3	ブラックタイド	ハイエンド	マザーズデイ未勝	鹿	57	牡4	鮫島駿	清水久	2400	5710	石川達絵	下河辺牧場
黒2	4	キズナ	ホウオウルバン	フサイチジェット未勝	黒鹿	57	牡5	内田博	池上和	3600	7660	小笹芳央	岡田S
赤3	5	ハーツクライ	ノットゥルノ	シェイクズセレナーデ米	鹿	59	牡4	武豊	音無	6350	13,000	金子真人HD	下河辺牧場
赤3	6	パイロ	デルマルーヴル	カリビアンロマンス未勝	青鹿	57	牡7	松岡	戸田	7310	18,440	浅沼廣幸	坂東牧場
青4	7	ハーツクライ	カテドラル	アビラ英	鹿	57	牡7	西村淳	池添学	9350	21,960	キャロットF	ノーザンF
青4	8	エスポワールシチー	ロードヴァレンチ	アンダルシア未勝	鹿	57	騸4	永野	中舘	2400	5320	ロードHC	大柳
黄5	9	ホッコータルマエ	メイショウフンジン	シニスタークイーン3勝	黒鹿	57	牡5	酒井	西園正	5000	12,900	松本好雄	宮内牧場
黄5	10	ドレフォン	タイセイドレフォン	デイトユアドリーム4勝	鹿	57	牡4	団野	西村	3500	7930	田中成奉	ノーザンF
緑6	11	キズナ	ハギノアレグリアス	タニノカリス3勝	鹿	57	牡6	岩田望	四位	6750	13,720	日隈良江	岡田S
緑6	12	キズナ	テリオスベル	アーリースプリング未勝	黒鹿	55	牝6	古川吉	田島俊	6580	15,928	鈴木美江子	野坂牧場
橙7	13	モーリス	カフジオクタゴン	メジロマリアン3勝	芦	57	牡4	坂井	矢作	3500	9484	加藤守	レイクヴィラF
橙7	14	トゥザグローリー	ゲンパチルシファー	ラブリイステラ2勝	鹿	57	牡7	藤岡佑	佐々木晶	4300	15,720	平野武志	カナイシS
桃8	15	タートルボウル	ヴァンヤール	ブライトエルフ1勝	栗	57	牡5	荻野極	庄野	3410	8721	ヒダカBU	槇本牧場
桃8	16	カジノドライヴ	メイショウカズサ	プレシャスエルフ未出	栗	57	牡6	浜中	安達	7000	14,970	松本好雄	日西牧場

2023年 平安S			
1着	②グロリアムンディ	（1番人気）	馬連 490円
2着	⑪ハギノアレグリアス	（2番人気）	3連複 940円
3着	⑮ヴァンヤール	（3番人気）	3連単 3030円

注目サイン！

前走中央競馬以外に出走した馬が3着以内
23年は1番人気グロリアムンディが順当勝ち

17年　クリソライト　2着（前走地方競馬）
18年　クイーンマンボ　2着（前走地方競馬）
19年　チュウワウィザード　1着（前走地方競馬）
20年　オメガパフューム　1着（地方競馬出走）
21年　マルシュロレーヌ　3着（前走地方競馬）
22年　テーオーケインズ　1着（前走海外競馬）
23年　グロリアムンディ　1着（地方競馬出走）

武豊騎手の±3馬が3着以内
22年以外は－3馬が馬券に絡む

13年　－3馬ナムラタイタン　3着
14年　－3馬ソロル　2着
17年　－3馬マイネルバイカ　3着
18年　－3馬サンライズソア　1着
19年　－3馬チュウワウィザード　1着
21年　－3馬マルシュロレーヌ　3着
22年　＋3馬テーオーケインズ　1着
23年　－3馬グロリアムンディ　1着
※15、16、20年は同騎手の騎乗ナシ。

川田将雅騎手の枠か、±4枠が3着以内
21年は自身騎乗のマルシュロレーヌが3着

16年　±4枠アスカノロマン　1着
17年　自身枠グレイトパール　1着
18年　±4枠クイーンマンボ　2着
19年　自身枠チュウワウィザード　1着
21年　自身枠マルシュロレーヌ　3着
22年　±4枠テーオーケインズ　1着
23年　自身枠グロリアムンディ　1着
※20年は同騎手の騎乗ナシ。他に「浜中俊騎手の隣馬が3着以内」も継続中。

GⅢ 葵S

2024年5月25日　京都芝1200m（3歳）

正逆　1番3番

金鯱賞	葵S	
2019年【逆3番】2着	➡ 2020年【正3番】レジェーロ	2着
2020年【逆7番】1着	➡ 2021年【正7番】レイハリア	1着
2021年【逆6番】1着	➡ 2022年【正6番】コムストックロード	2着
2022年【逆4番】2着	➡ 2023年【逆4番】モズメイメイ	1着
2023年【逆1番】1着 【逆3番】2着	➡ **2024年【正逆1番、3番】**	

馬番	枠	父	馬名	母（成績）	毛色・斤量・性齢	騎手	調教師	賞金	総賞金	馬主	生産者
18	桃8	デクラレーションオブウォー	タマモブラックタイ	タマモイヤリング（2勝）	鹿 57 牡3	角田和	角田	2900	6303	タマモ	対馬正
17	桃8	ビッグアーサー	ブーケファロス	クラウンデュナミス（1勝）	鹿 56 牡3	松山	清水英	900	3030	矢野まり子	クラウン日高牧場
16	桃8	ジョーカプチーノ	(地)コスモイグローク	クールベベット（2勝）	芦 56 牡3	丹内	(大井)宗形竹	820	2008	ビッグレッドF	タツヤF
15	橙7	リアルインパクト	モズメイメイ	インラグジュアリー（未出）	鹿 55 牝3	武豊	音無	3500	7230	キャピタルS	社台F
14	橙7	グレーターロンドン	トラベログ	フィリス（1勝）	栗 54 牝3	富田	岩戸	900	1770	下河辺牧場	下河辺牧場
13	橙7	サトノダイヤモンド	タツダイヤモンド	オリオンザブラック（3勝）	鹿 56 牡3	菱田	鮫島	900	1833	鈴木高幸	ニッコウF
12	緑6	カレンブラックヒル	エレガントムーン	ムーンフェイズ（3勝）	鹿 54 牝3	鮫島駿	牧浦	900	1860	サンデーR	ノーザンF
11	緑6	モーリス	テラステラ	ステラリード（2勝）	鹿 56 牡3	岩田康	矢作	900	2660	広尾レース	木村秀則
10	黄5	ビッグアーサー	カンチェンジュンガ	クェスタボルタ（未勝）	鹿 56 牡3	藤岡康	庄野	900	1408	幅田昌伸	サンバマウンテンF
9	黄5	エピファネイア	コーパスクリスティ	レッドソンブレロ（未出）	栗 56 牡3	西村淳	中内田	900	1730	吉田勝己	ノーザンF
8	青4	ディスクリートキャット	アンビバレント	フォーミー（2勝）	鹿 56 牡3	斎藤	青木	900	1300	ノルマンディーTR	碧雲牧場
7	青4	コパノリッキー	アームズレイン	アームズトウショウ（2勝）	鹿 56 牡3	北村友	上村	900	2230	杉山忠国	明治牧場
6	赤3	ハヴァナグレイ	(外)ヤクシマ	サツマ（英）	芦 56 牡3	池添	寺島	1600	3920	ゴドルフィン	イギリス
5	赤3	ショウケイシング	(外)ペースセッティング	ジェットセッティング（愛）	鹿 56 牡3	横山和	安田隆	1200	3380	シルクR	イギリス
4	黒2	ダイワメジャー	トールキン	エルビッシュ（3勝）	鹿 56 牡3	吉田隼	西園正	900	2110	吉田勝己	ノーザンF
3	黒2	リオンディーズ	メイショウピース	メイショウアリア（仏）	鹿 54 牝3	秋山真	高橋亮	900	1510	松本好雄	三嶋牧場
2	白1	ビッグアーサー	ビッグシーザー	アンナペレンナ（3勝）	芦 57 牡3	幸	西園正	2800	6110	幅田昌伸	バンブー牧場
1	白1	ドゥラメンテ	ルガル	アタブ（愛）	鹿 56 牡3	団野	杉山晴	1600	3153	江馬由将	三嶋牧場

2023年 葵S			
	1着⑮モズメイメイ	（4番人気）	馬連 2590円
	2着①ルガル	（2番人気）	3連複 1190円
	3着②ビッグシーザー	（1番人気）	3連単 13470円

注目サイン！

1枠か3枠が3着以内
10年超のロングラン・セオリー

13年　1枠カゼニタツライオン　2着
14年　3枠リアルヴィーナス　1着
15年　3枠ジャストドゥイング　1着
16年　3枠ワンダフルラッシュ　3着
17年　1枠アリンナ　1着
18年　1枠ラブカンプー　2着
19年　3枠ディアンドル　1着
20年　3枠ワンスカイ　3着
21年　1枠ヨカヨカ　2着
22年　3枠コムストックロード　2着
23年　1枠ルガル　2着

武豊騎手の±76馬が3着
今のところアタマはナシの傾向

17年　－76馬エントリーチケット　2着
18年　＋76馬トゥラヴェスーラ　3着
21年　－76馬ヨカヨカ　2着
22年　＋76馬コムストックロード　2着
23年　＋76馬ルガル　2着
※19、20年は同騎手の騎乗ナシ。

鮫島克駿騎手の±83馬が連対中
21年は13番人気レイハリアが優勝、単勝8300円！

20年　－83馬レジェーロ　2着
21年　＋83馬レイハリア　1着
22年　＋83馬ウインマーベル　1着
23年　－83馬ルガル　2着

GII 目黒記念

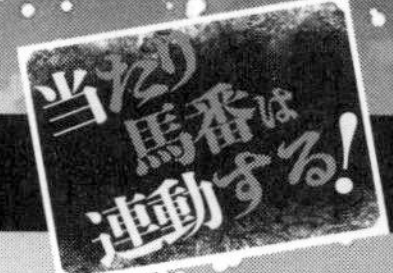

2024年5月26日　東京芝2500m（4歳上）

正逆　3番 9番

キーンランドC	目黒記念	
2019年【逆4番】1着	➡ 2020年【正4番】アイスバブル	2着
2020年【逆5番】2着	➡ 2021年【正5番】ウインキートス	1着
2021年【逆8番】2着	➡ 2022年【正8番】マイネルウィルトス	2着
2022年【逆12番】2着	➡ 2023年【逆12番】ディアスティマ	2着
2023年【逆3番】1着 【逆9番】2着	➡ **2024年【正逆3番、9番】**	

馬番	枠	馬名	父	母	斤量・性齢	騎手	調教師	賞金	総賞金	馬主	生産者
1	白1	ゼッフィーロ	ディープインパクト	ワイルドウインド 独	56 牡4	川田	池江寿	2400	7460	社台RH	社台F
2	白1	バーデンヴァイラー	ドゥラメンテ	ヴィートマルシエ 1勝	58 牡5	坂井	斉藤崇	6500	13,480	キャロットF	ノーザンF
3	黒2	カントル	ディープインパクト	ミスアンコール 1勝	56 牡7	横山和	藤原英	2400	10,560	金子真人HD	ノーザンF
4	黒2	ライラック	オルフェーヴル	ヴィーヴァブーケ 1勝	56 牝4	Mデムーロ	相沢	4850	10,580	芹澤精一	杵臼牧場
5	赤3	ユーキャンスマイル	キングカメハメハ	ムードインディゴ 3勝	58 牡8	石橋脩	友道	11,150	37,370	金子真人HD	ノーザンF
6	赤3	プラダリア	ディープインパクト	シャッセロール 3勝	57 牡4	池添	池添学	3100	11,370	名古屋友豊	オリエント牧場
7	青4	ディアスティマ	ディープインパクト	スウィートリーズン 未	57 牡6	北村友	高野	3800	11,950	サンデーR	ノーザンF
8	青4	フォワードアゲン	ローズキングダム	エーシンシャイナー 未勝	54 騸6	柴田善	中野栄	2400	7752	[illegible]川皓司	信田牧場
9	黄5	ダンディズム	マンハッタンカフェ	ビューティーコンテスト 受	56 騸7	浜中	野中	2500	8762	カナヤマHD	三嶋牧場
10	黄5	ヒートオンビート	キングカメハメハ	マルセリーナ 4勝	58 牡6	レーン	友道	5200	21,591	社台RH	社台F
11	緑6	アーティット	ディープインパクト	アブソリュートレディ 受	57 牡4	岩田望	友道	2700	7027	金子真人HD	社台F
12	緑6	プリマヴィスタ	ハーツクライ	サンヴァンサン 3勝	54 牡6	丸山	矢作	2400	5940	加藤裕司	白老F
13	橙7	セファーラジエル	キズナ	ダークサファイア 1勝	56 牡5	吉田隼	高柳大	2500	8439	サンデーR	ノーザンF
14	橙7	バラジ	ヴァンセンヌ	シーダーアラジ 未勝	56 牡4	三浦	鹿戸雄	2400	7096	岡田牧雄	増本牧場
15	橙7	アリストテレス	エピファネイア	ブルーダイアモンド 未勝	58 牡6	戸崎圭	音無	8350	21,230	近藤英子	ノーザンF
16	桃8	サリエラ	ディープインパクト	サロミナ 独	55.5 牝4	ルメール	国枝	3350	6370	シルクR	ノーザンF
17	桃8	コトブキテティス	ハービンジャー	エヴァ 2勝	51 牝6	永野	田島俊	2400	6517	尾上松寿	斉藤S
18	桃8	ラストドラフト	ノヴェリスト	マルセリーナ 4勝	57 牡7	松岡	戸田	4250	14,410	社台RH	社台F

2023年 目黒記念	1着⑩ヒートオンビート（4番人気）	馬連 3890円
	2着⑦ディアスティマ　（6番人気）	3連複 7770円
	3着⑯サリエラ　（1番人気）	3連単 57980円

注目サイン！

前走⑨番ゲート馬の隣馬が3着以内
20年は7番人気ステイフーリッシュ3着、3連単8万馬券！

18年	ゼーヴィント	隣馬ウインテンダネス	1着
19年	アドマイヤエイカン	隣馬ルックトゥワイス	1着
20年	ミライヘノツバサ	隣馬ステイフーリッシュ	3着
21年	アイスバブル	隣馬ヒートオンビート	2着
22年	ランフォザローゼス	隣馬マイネルウィルトス	2着
23年	アーティット	隣馬ヒートオンビート	1着

戸崎圭太騎手か、その隣馬が3着以内
22年は2番人気ボッケリーニが優勝

13年	カフナ	自身	3着
15年	ファタモルガーナ	自身	3着
16年	サムソンズプライド	隣馬ヒットザターゲット	3着
17年	ヴォルシェーブ	自身	2着
18年	ゼーヴィント	隣馬ウインテンダネス	1着
22年	バジオウ	隣馬ボッケリーニ	1着
23年	アリストテレス	隣馬サリエラ	3着

※14、19～21年は同騎手の騎乗ナシ。

田辺裕信騎手の±3枠が3着以内
22年は6番人気マイネルウィルトス2着、馬連2720円

15年	－3枠ファタモルガーナ	3着
16年	－3枠マリアライト	2着
18年	＋3枠パフォーマプロミス	3着
20年	＋3枠キングオブコージ	1着
21年	－3枠ヒートオンビート	2着
22年	＋3枠マイネルウィルトス	2着

※17、19、23年は同騎手の騎乗ナシ。他に「石橋脩騎手の隣枠が3着以内」「松岡正海騎手の±28馬が連対中」も継続中。

GIII 鳴尾記念

2024年6月1日　京都芝2000m（3歳上）

正逆 10番 13番

スプリングS	鳴尾記念
2019年【正１番】２着	➡ 2020年【正１番】パフォーマプロミス　１着
2020年【正３番】２着	➡ 2021年【正３番】ユニコーンライオン　１着
2021年【逆２番】１着	➡ 2022年【正２番】ヴェルトライゼンデ　１着
2022年【正12番】2着	➡ 2023年【正12番】ボッケリーニ　２着
2023年【逆13番】1着 【正10番】2着	➡ **2024年【正逆10番、13番】**

馬番	枠	父	馬名	母	毛色 斤量 性齢	騎手	調教師	賞金	総賞金	馬主	生産者
1	白1	ハーツクライ	グラティアス	マラコスタムブラダ 亜	鹿 57 牡5	北村友	宮田	2300	8490	スリーエイチR	ノーザンF
2	黒2	トゥザグローリー	カラテ	レディーノパンチ 未出	黒鹿 57 牡7	菅原明	辻野	12,200	25,480	小田切光	中地康弘
3	黒2	オルフェーヴル	ディアマンミノル	イソノスワロー 未勝	栗 57 牡6	藤岡康	本田	3600	12,631	吉岡實	村下農場
4	赤3	ブラックタイド	フェーングロッテン	ピクシーホロウ 3勝	鹿 57 牡4	松若	宮本	4950	12,050	サンデーR	ノーザンF
5	赤3	ディープブリランテ	モズベッロ	ハーランズルビー 米	鹿 57 牡7	幸	森田	8400	23,400	キャピタルS	村田牧場
6	青4	キズナ	インプレス	ベアトリスII 英	黒鹿 57 牡4	鮫島駿	佐々木晶	2400	5561	前田幸治	社台F
7	青4	クロフネ	マリアエレーナ	テンダリーヴォイス 2勝	芦 55 牝5	松山	吉田	6350	17,217	金子真人HD	[illegible]牧場
8	黄5	ルーラーシップ	ワンダフルタウン	シーオブラブ 未勝	鹿 57 牡5	和田竜	高橋忠	4700	9920	三田昌宏	ノーザンF
9	黄5	ロードカナロア	アドマイヤハダル	スウェアトウショウ 未勝	鹿 57 牡5	岩田望	大久保龍	2100	9730	近藤旬子	ノーザンF
10	緑6	ディープインパクト	サトノルークス	リッスン 愛	鹿 57 牡7	荻野極	池江寿	5600	10,500	里見治	ノーザンF
11	緑6	ハービンジャー	ヒンドゥタイムズ	マハーバーラタ 1勝	鹿 57 騸7	武豊	斉藤崇	6800	19,340	シルクR	ノーザンF
12	橙7	キングカメハメハ	ボッケリーニ	ポップコーンジャズ 1勝	栗 57 牡7	浜中	池江寿	12,150	31,120	金子真人HD	ノーザンF
13	橙7	ステイゴールド	マイネルファンロン	マイネテレジア 1勝	青鹿 57 牡8	坂井	手塚	6500	19,986	ラフィアン	ビッグレッドF
14	桃8	オルフェーヴル	ソーヴァリアント	ソーマジック 4勝	鹿 57 牡5	ルメール	大竹	6800	14,860	社台RH	社台F
15	桃8	ハーツクライ	スカーフェイス	スプリングサンダー 5勝	鹿 57 牡7	西村淳	中竹	4650	12,266	永井商事	グランド牧場

2023年 鳴尾記念

1着⑫ボッケリーニ	（5番人気）	馬連 2060 円
2着④フェーングロッテン	（3番人気）	3連複 7010 円
3着⑨アドマイヤハダル	（6番人気）	3連単 46610 円

注目サイン！

正逆112番が3着以内
23年は6番人気アドマイヤハダル3着、3連単4万馬券

17年　逆 112 番ステイインシアトル　1着
18年　正 112 番トリオンフ　2着
19年　逆 112 番ステイフーリッシュ　3着
20年　逆 112 番パフォーマプロミス　1着
21年　正 112 番ショウナンバルディ　2着
22年　正 112 番ヴェルトライゼンデ　1着
23年　逆 112 番アドマイヤハダル　3着

正逆279番が3着以内
23年以外は連対、24年は……？

17年　正 279 番ステイインシアトル　1着
18年　逆 279 番ストロングタイタン　1着
19年　正 279 番ブラックスピネル　2着
20年　正 279 番ラヴズオンリーユー　2着
21年　逆 279 番ショウナンバルディ　2着
22年　逆 279 番ヴェルトライゼンデ　1着
23年　正 279 番アドマイヤハダル　3着

武豊騎手の±31馬が3着以内
23年は5番人気ボッケリーニ優勝、単勝1120円

16年　－31 馬ステファノス　2着
17年　－31 馬スマートレイアー　2着
18年　－31 馬ストロングタイタン　1着
19年　－31 馬ブラックスピネル　2着
20年　－31 馬パフォーマプロミス　1着
21年　－31 馬ブラストワンピース　3着
23年　＋31 馬ボッケリーニ　1着

※22年は同騎手の騎乗ナシ。他に「和田竜二騎手か、その隣馬が3着以内」も継続中。

GIII エプソムC

当たり馬番は連動する!

2024年6月9日　東京芝1800m（3歳上）

正逆 7番9番

函館記念		エプソムC	
2019年【正６番】2着	➡	2020年【正６番】ダイワキャグニー	1着
2020年【正６番】2着	➡	2021年【逆６番】サトノフラッグ	2着
2021年【正８番】1着	➡	2022年【正８番】ガロアクリーク	2着
2022年【正１番】1着	➡	2023年【逆１番】ルージュエヴァイユ	2着
2023年【正９番】1着 【正７番】2着	➡	**2024年【正逆７番、９番】**	

馬番	枠	父	馬名	母	斤量・性齢	騎手	調教師	賞金	総賞金	馬主	生産者
17	桃8	ジャスタウェイ	ルージュエヴァイユ	ナッシングバットドリーム	55 牝4	石川	黒岩	2400	5600	東京HR	社台F
16	桃8	ノヴェリスト	ラストドラフト	マルセリーナ4勝	57 牡7	松岡	戸田	4250	14,410	社台RH	社台F
15		エピファネイア	ジャスティンカフェ	カジノブギ1勝	57 牡5	横山和	安田翔	4550	11,900	三木正浩	社台F
14	橙7	ディープインパクト	レクセランス	エクセレンスII仏	57 牡6	木幡巧	池添学	2100	6920	シルクR	ノーザンF
13		キングズベスト	トーラスジェミニ	エリモエトワール1勝	57 牡7	木幡育	小桧山	8450	19,550	柴原榮	川上牧場
12	緑6	ハットトリック	(外)エアファンディタ	ノカゼ米	57 牡6	戸崎圭	池添学	5200	13,752	ラッキーF	アメリカ
11		イスラボニータ	ヤマニンサルバム	ヤマニンエマイユ6勝	57 牡4	三浦	中村	2400	7958	土井肇	錦岡牧場
10	黄5	ディープインパクト	ヤマニンサンパ	ヤマニンパピオネ4勝	57 牡5	杉原	斉藤崇	1800	3557	土井肇	錦岡牧場
9		キンシャサノキセキ	ガロアクリーク	ゴールドレリック米	58 牡6	石橋脩	上原博	3950	13,800	水上行雄	笠松牧場
8	青4	ディープインパクト	フィアスプライド	ストロベリーフェア英	55 牝5	菅原明	国枝	2400	6231	ゴドルフィン	[illegible]
7		ジャングルポケット	ピースワンパラディ	クリアソウル1勝	57 牡7	大野	大竹	4600	14,190	長谷川成利	高山牧場
6	赤3	ザファクター	ショウナンマグマ	レッドメアラス未勝	57 牡4	吉田豊	尾関	3100	5720	国本哲秀	青藍牧場
5		ドゥラメンテ	レインフロムヘヴン	レディオブヴェニス仏	57 牡5	レーン	堀	2400	7600	社台RH	白老F
4	黒2	ドレフォン	カワキタレブリー	カフジビーナス1勝	57 牡4	松山	杉山佳	2400	11,111	川島和範	川島牧場
3		リオンディーズ	インダストリア	インダクティ2勝	58 牡4	ルメール	宮田	4550	10,570	サンデーR	ノーザンF
2	白1	モーリス	マテンロウスカイ	レッドラヴィータ3勝	57 騸4	横山典	松永幹	1800	6360	寺田千代乃	ノーザンF
1		キングカメハメハ	エアロロノア	エアワンピース4勝	57 牡6	田辺	笹田	6050	14,413	ラッキーF	社台F

2023年 エプソムC			
	1着⑮ジャスティンカフェ	（1番人気）	馬連 2510円
	2着⑰ルージュエヴァイユ	（7番人気）	3連複 4830円
	3着②マテンロウスカイ	（4番人気）	3連単 22680円

注目サイン！

前走3番人気馬の隣馬が3着以内
20年は18番人気トーラスジェミニ3着、3連単421万馬券！

18年	グリュイエール	隣馬ハクサンルドルフ	2着
19年	ミッキースワロー	隣馬レイエンダ	1着
20年	ソーグリッタリング	隣馬トーラスジェミニ	3着
21年	ミラアイトーン	隣馬サトノフラッグ	2着
22年	ノースブリッジ	隣馬ダーリントンホール	3着
23年	インダストリア	隣馬マテンロウスカイ	3着

田辺裕信騎手の隣枠が3着以内
今のところ1着か3着の極端傾向

14年	−1枠ティサイファ	1着
17年	＋1枠ダッシングブレイズ	1着
20年	＋1枠トーラスジェミニ	3着
21年	−1枠ファルコニア	3着
22年	−1枠ノースブリッジ	1着
23年	−1枠ジャスティンカフェ	1着

※15、16、18、19年は同騎手の騎乗ナシ。

C・ルメール騎手の±37馬が3着以内
今のところ3着が圧倒的

19年	＋37馬ソーグリッタリング	3着
20年	＋37馬トーラスジェミニ	3着
21年	−37馬ファルコニア	3着
22年	＋37馬ノースブリッジ	1着
23年	−37馬ルージュエヴァイユ	2着

石川裕紀人騎手の±15馬が3着以内
こちらは1着が圧倒的

18年	＋15馬サトノアーサー	1着
20年	＋15馬ダイワキャグニー	1着
21年	−15馬ファルコニア	3着
23年	＋15馬ジャスティンカフェ	1着

※19、22年は同騎手の騎乗ナシ。

GIII

函館スプリントS

2024年6月9日　函館芝1200m（3歳上）

正逆　4番 7番

アルテミスS	函館スプリントS	
2019年【逆1番】1着	➡ 2020年【逆1番】ダイメイフジ	2着
2020年【正14番】1着	➡ 2021年【正14番】ビアンフェ	1着
2021年【正7番】1着	➡ 2022年【正7番】ナムラクレア	1着
2022年【正10番】1着	➡ 2023年【逆10番】ジュビリーヘッド	2着
2023年【正4番】1着 【逆7番】1着	➡ **2024年【正逆4番、7番】**	

馬番	枠	馬名	父	母	斤量・性齢	騎手	調教師	賞金	総賞金	馬主	生産者
1	白1	トウシンマカオ	ビッグアーサー	ユキノマーメイド4勝	58 牡4	鮫島駿	高柳瑞	5800	12,470	サトー	服部牧場
2	白1	レイハリア	ロードカナロア	ライトリーチューン未勝	55 牝5	亀田	田島俊	4850	10,448	ヒダカBU	谷岡牧場
3	黒2	サトノアイ	ハーツクライ	キャッチザカクテル	55 牝5	富田	須貝尚	2400	5411	里見治	三嶋牧場
4	黒2	カイザーメランジェ	サクラオリオン	サクラジュレップ未勝	57 牡8	吉田隼	中野栄	4350	12,249	ライフENT	谷岡S
5	赤3	(外)ヴィズサクセス	シユーニ	ヴィズ 愛	57 牡6	岩田康	奥村武	3600	8845	嶋田賢	アイルランド
6	赤3	ウォーターナビレラ	シルバーステート	シャイニングサヤカ	55 牝4	武豊	武幸	5100	11,930	山岡正人	伏木田牧場
7	青4	ジュビリーヘッド	ロードカナロア	ローズノーブル4勝	57 牡6	西村淳	安田隆	4400	13,800	キャロットF	ノーザンF
8	青4	リバーラ	キンシャサノキセキ	インドリヤ 米	52 牝3	Mデムーロ	高柳瑞	2000	3600	荒井泰樹	シンボリ牧場
9	黄5	ディヴィナシオン	ヴィクトワールピサ	フギン4勝	57 牡6	松田	森秀	3250	11,473	一村哲也	高山牧場
10	黄5	テイエムトッキュウ	ロードカナロア	アグネスナチュラル4勝	57 牡5	津村	木原	3800	8750	竹園正繼	高昭牧場
11	緑6	(外)ジャスパークローネ	フロステッド	ファンシーキトゥン 米	57 牡4	浜中	森秀	2400	6030	加藤和夫	アメリカ
12	緑6	ムーンプローブ	モーリス	スマイリングムーン4勝	52 牝3	北村友	上村	1950	3720	吉田勝己	追分F
13	橙7	ブトンドール	ビッグアーサー	プリンセスロック3勝	52 牝3	池添	池添学	2600	5000	雑苑興業	ノーザンF
14	橙7	ヴァトレニ	グラスワンダー	チアフルスマイル8勝	57 騸5	幸	長谷川	4800	11,255	野田政義	フジワラF
15	桃8	キミワクイーン	ロードカナロア	チェリーペトルズ2勝	55 牝4	横山武	奥村武	2400	6620	渡邊輝實	追分F
16	桃8	カルネアサーダ	ドレフォン	ハラペーニョペパー3勝	55 牝4	角田和	加用	2400	7246	吉田照哉	社台F

2023年	1着⑮キミワクイーン　（3番人気）	馬連 3100円
函館	2着⑦ジュビリーヘッド（5番人気）	3連複 3600円
スプリントS	3着①トウシンマカオ　（1番人気）	3連単 21410円

注目サイン！

1番人気馬が3着以内
シンプルだが、1番人気は押さえておきたい

18年　ナックビーナス　3着
20年　ダイアトニック　1着
21年　カレンモエ　2着
22年　ナムラクレア　1着
23年　トウシンマカオ　3着
※19年は該当馬の出走ナシ。

武豊騎手の±3枠が3着以内
3着率がかなり高いセオリー

15年　＋3枠レンイングランド　3着
16年　－3枠レッツゴードンキ　3着
17年　－3枠エポワス　3着
18年　＋3枠ナックビーナス　3着
20年　－3枠ダイメイフジ　2着
22年　－3枠タイセイアベニール　3着
23年　－3枠キミワクイーン　1着
※19、21年は同騎手の騎乗ナシ。

岩田康誠騎手の±22馬が連対中
23年は3番人気キミワクイーン優勝、馬連3100円

19年　＋22馬アスターペガサス　2着
20年　＋22馬ダイメイフジ　2着
21年　＋22馬ビアンフェ　1着
23年　－22馬キミワクイーン　1着
※22年は同騎手の騎乗ナシ。

吉田隼人騎手の隣枠が3着以内
17年は3番人気ジューヌエコールが優勝

16年　－1枠ソルヴェイグ　1着
17年　＋1枠ジューヌエコール　1着
21年　＋1枠ミッキーブリランテ　3着
23年　－1枠トウシンマカオ　3着
※14年から継続中。18～20、22年は同騎手の騎乗ナシ。

GⅡ マーメイドS

2024年6月16日　京都芝2000m（3歳上牝馬）

正逆　2番 14番

エリザベス女王杯	マーメイドS	
2019年【逆13番】2着	➡ 2020年【正13番】サマーセント	1着
2020年【正13番】2着	➡ 2021年【正13番】クラヴェル	2着
2021年【正５番】2着	➡ 2022年【逆５番】マリアエレーナ	2着
2022年【逆６番】2着	➡ 2023年【逆６番】ウインマイティー	2着
2023年【正２番】2着 【逆14番】2着	➡ **2024年【正逆２番、14番】**	

枠	馬番	馬名	父	母	毛色・斤量・性齢	騎手	厩舎			馬主	生産者
白1	1	シンシアウィッシュ	キズナ	ザナ未勝	青鹿 51 牝4	替 角田河	栗 吉村	1500	6834	前田幸大	ノースヒルズ
黒2	2	シャーレイポピー	ミッキーアイル	オリエンタルポピー未勝	鹿 53 牝5	替 藤岡康	栗 石坂公	2400	6770	キャロットF	ノーザンF
赤3	3	ヒヅルジョウ	ハービンジャー	サンデージョウ2勝	鹿 50 牝4	替 松若	栗 岡田	1500	3388	河内孝夫	中地康弘
青4	4	ビッグリボン	ルーラーシップ	ブリッツフィナーレ未出	鹿 55 牝5	西村淳	栗 中内田	3200	7710	石川達絵	下河辺牧場
青4	5	ホウオウエミーズ	ロードカナロア	エミーズスマイル公	鹿 54 牝6	替 団野	美 池上和	3600	10,205	小笹芳央	社台F
黄5	6	タガノフィナーレ	エピファネイア	タガノミューチャン4勝	黒鹿 50 牝4	替 田中健	栗 中村	1500	3360	八木良司	新冠タガノF
黄5	7	ランスオブアース	エピファネイア	マイスクエアワン未勝	青鹿 51 牝5	替 泉谷	栗 本田	1500	5800	五影隆則	フジワラF
緑6	8	ウインマイティー	ゴールドシップ	アオバコリン公	芦 56 牝6	和田竜	栗 西園正	4000	12,510	ウイン	コスモヴューF
緑6	9	ストーリア	リオンディーズ	フェリス未勝	鹿 54 牝4	替 坂井	栗 杉山晴	2250	6290	ロードHC	宮内牧場
橙7	10	ハギノメーテル	サトノアラジン	ハギノナトゥーラ2勝	黒鹿 50 牝4	替 今村	栗 寺島	1500	3048	日隈良江	ノースヒルズ
橙7	11	ビジン	キズナ	ザフラッツ米	黒鹿 53 牝4	替 酒井	栗 武英	2400	5606	菅藤孝雄	飛野牧場
桃8	12	サンカルパ	ドゥラメンテ	ハイドバウンド重	黒鹿 51 牝4	替 菱田	美 田中博	1500	4160	シルクR	ノーザンF
桃8	13	ゴールドエクリプス	ドゥラメンテ	ゴールドグローリー1勝	栗 51 牝4	替 西塚	栗 大久保龍	1500	3600	居城寿与	北勝F

2023年マーメイドS			
1着	④ビッグリボン	（1番人気）	馬連 1000円
2着	⑧ウインマイティー	（3番人気）	3連複 7770円
3着	⑤ホウオウエミーズ	（10番人気）	3連単 27910円

注目サイン！

トップハンデ馬の±2枠が3着以内
23年は1番人気ビッグリボンが順当勝ち

17年　トーセンビクトリー　＋2枠マキシマムドパリ　1着
18年　トーセンビクトリー　＋2枠アンドリエッテ　1着
19年　フローレスマジック　＋2枠レッドランディーニ　2着
20年　センテリュオ　－2枠リュヌルージュ　3着
21年　アブレイズ　－2枠シャドウディーヴァ　3着
22年　リアアメリア　－2枠マリアエレーナ　2着
23年　ウインマイティー　－2枠ビッグリボン　1着

7番人気馬か10番人気馬が3着以内
これが荒れるレースの証明

18年　10番人気アンドリエッテ　1着
19年　7番人気サラス　1着
　　　10番人気レッドランディーニ　2着
20年　7番人気サマーセント　1着
21年　10番人気シャムロックヒル　1着
22年　10番人気ウインマイティー　1着
23年　10番人気ホウオウエミーズ　3着

北村友一騎手の±44馬が連対中
今のところ2着率がかなり高い

17年　＋44馬クインズミラーグロ　2着
18年　－44馬ワンブレスアウェイ　2着
19年　＋44馬レッドランディーニ　2着
20年　＋44馬センテリュオ　2着
22年　＋44馬ウインマイティー　1着
※21、23年は同騎手の騎乗ナシ。

2024年6月16日

マーメイドS

注目サイン！

前走4着馬の隣馬が3着以内
22、23年はウインマイティーが連続連対

18年	フェイズベロシティ	隣馬ワンブレスアウェイ	2着
19年	ウスベニノキミ	隣馬サラス	1着
21年	カセドラルベル	隣馬シャドウディーヴァ	3着
22年	ヴェルトハイム	隣馬ウインマイティー	1着
23年	ランスオブアース	隣馬ウインマイティー	2着

※20年は該当馬の出走ナシ。

注：出走頭数が指名の連対馬番に満たない場合は、その馬番まで循環させてください。

例えば「指名馬番が16番で、出走頭数が15頭だった場合」は【正循環①番馬、逆循環⑮番馬】（下の表1）、指名馬番が13番で、出走頭数が10頭だった場合は【正循環③番馬、逆循環⑧番馬】（下の表2）となります。

正循環・逆循環の詳細はｐ7をご覧ください。

表1●15頭立てで指名が正逆16番だった場合

	⑮	⑭	⑬	⑫	⑪	⑩	⑨	⑧	⑦	⑥	⑤	④	③	②	①	←[馬　番]
	15	14	13	12	11	10	9	8	7	6	5	4	3	2	1	←[正　番]
	30	29	28	27	26	25	24	23	22	21	20	19	18	17	16	←[正循環]
[逆　番]→	1	2	3	4	5	6	7	8	9	10	11	12	13	14	15	
[逆循環]→	16	17	18	19	20	21	22	23	24	25	26	27	28	29	30	

表2●10頭立てで指名が正逆13番だった場合

	⑩	⑨	⑧	⑦	⑥	⑤	④	③	②	①	←[馬　番]
	10	9	8	7	6	5	4	3	2	1	←[正　番]
	20	19	18	17	16	15	14	13	12	11	←[正循環]
[逆　番]→	1	2	3	4	5	6	7	8	9	10	
[逆循環]→	11	12	13	14	15	16	17	18	19	20	

第4章

2024年ラジオNIKKEI賞～シリウスS

GⅡ・GⅢ【連対馬】的中予言

GIII ラジオNIKKEI賞

当たり馬番は連動する!

2024年6月30日　福島芝1800m（3歳）

ジャパンC		ラジオNIKKEI賞	
2019年【正１番】2着	➡	2020年【正１番】バビット	1着
2020年【正２番】1着	➡	2021年【正２番】ヴァイスメテオール	1着
2021年【正７番】2着	➡	2022年【正７番】ショウナンマグマ	2着
2022年【正６番】1着	➡	2023年【正６番】エルトンバローズ	1着
2023年【正２番】1着 【正１番】2着	➡	**2024年【正逆１番、２番】**	

馬番	枠	父	馬名	母	毛色・斤量・性齢	騎手	調教師	賞金	総賞金	馬主	生産者
1	白1	ジャスタウェイ	コレペティトール	ベガスナイト3勝	栗 55 牡3	田辺	中竹	900	1730	加藤誠	社台F
2	白1	ダノンバラード	グラニット	インティワタナ1勝	鹿 55 牡3	嶋田	大和田	1000	2810	ミルF	猿橋義昭
3	黒2	ハービンジャー	スズカハービン	スズカローラン4勝	栗 54 牡3	Mデムーロ	高橋忠	900	2182	永井啓弍	辻牧場
4	黒2	イスラボニータ	オメガリッチマン	エルカラファテ未勝	鹿 56 牡3	横山典	安田翔	1200	2172	原[illegible]子	社台F
5	赤3	ビーチパトロール	シーウィザード	メリーウェザー未勝	鹿 55 牡3	三浦	鹿戸雄	1000	3080	岡田牧雄	シンボリ牧場
6	赤3	ディープブリランテ	エルトンバローズ	ショウナンカラット未勝	鹿 55 牡3	西村淳	杉山晴	900	2040	猪熊広次	桑田牧場
7	青4	スクリーンヒーロー	シルトホルン	シンメイミヤビ未勝	黒鹿 54 牡3	大野	新開	900	2250	[illegible]イアレストC	飛渡牧場
8	青4	スピルバーグ	セオ	ルーラ英	鹿 56 牡3	松若	上村	900	2498	吉田千津	社台F
9	黄5	サトノクラウン	ウヴァロヴァイト	エイグレット3勝	鹿 55 牡3	菅原明	萩原	1600	3060	池谷誠一	ノーザンF
10	黄5	モーリス	バルサムノート	エピセアローム4勝	黒鹿 57 牡3	松岡	高野	1600	3383	吉田勝己	ノーザンF
11	緑6	リアルスティール	アグラシアド	サラシー仏	鹿 54 牡3	津村	中村	900	2528	ライオンRH	矢野牧場
12	緑6	ヤマカツエース	ダイシンヤマト	ダイシンパーティー1勝	栗 53 牡3	吉田豊	戸田	400	1383	大八木信行	中原牧場
13	橙7	モーリス	アイスグリーン	グリューネワルト2勝	青鹿 56 牡3	幸	池添学	900	2770	シルクR	ノーザンF
14	橙7	リアルスティール	レーベンスティール	トウカイライフ4勝	鹿 56 牡3	戸崎圭	田中博	900	1890	キャロットF	広富牧場
15	桃8	ロードカナロア	エマヌエーレ	エマノン4勝	鹿 54 牡3	石橋脩	平田	400	1637	丸山担	ノーザンF
16	桃8	ゴールドシップ	マイネルモーント	ゲッカコウ4勝	芦 55 牡3	石川	高木	900	1810	ラフィアン	ビッグレッドF

2023年 ラジオ NIKKEI賞			
	1着⑥エルトンバローズ	（3番人気）	馬連 6460円
	2着⑦シルトホルン	（4番人気）	3連複 4690円
	3着⑭レーベンスティール	（1番人気）	3連単 50060円

注目サイン！

正逆254番が3着以内
22年は8番人気ショウナンマグマ2着、馬連4130円

17年　逆254番セダブリランテス　1着
18年　正逆254番キボウニダイチ　3着
19年　正254番ブレイキングドーン　1着
20年　逆254番パンサラッサ　2着
21年　正254番ノースブリッジ　3着
22年　正逆254番ショウナンマグマ　2着
23年　正254番レーベンスティール　3着

戸崎圭太騎手の±57馬が3着以内
23年は4番人気シルトホルン2着、馬連6460円！

18年　－57馬メイショウテッコン　1着
19年　－57馬ゴータイミング　3着
20年　＋57馬パンサラッサ　2着
21年　＋57馬ヴァイスメテオール　1着
22年　＋57馬サトノヘリオス　3着
23年　＋57馬シルトホルン　2着

戸崎圭太騎手の±71馬が連対中
22年は3番人気フェーングロッテンが優勝

20年　＋71馬バビット　1着
21年　－71馬ヴァイスメテオール　1着
22年　－71馬フェーングロッテン　1着
23年　－71馬シルトホルン　2着

三浦皇成騎手か、その隣馬が3着以内
20年は7番人気パンサラッサ2着、馬連万馬券！

19年　ギルマ　隣馬ゴータイミング　3着
20年　パンサラッサ　自身　2着
21年　タイソウ　隣馬ワールドリバイバル　2着
23年　シーウィザード　隣馬エルトンバローズ　1着
※22年は同騎手の騎乗ナシ。

GIII 北九州記念

2024年6月30日　小倉芝1200m（3歳上）

正逆　2番10番

デイリー杯2歳S	北九州記念	
2019年【正10番】2着	➡ 2020年【正10番】モズスーパーフレア	2着
2020年【正２番】１着	➡ 2021年【逆２番】ヨカヨカ	1着
2021年【正１番】２着	➡ 2022年【正１番】ボンボヤージ	1着
2022年【正10番】1着	➡ 2023年【逆10番】ママコチャ	1着
2023年【正２番】１着 【正10番】2着	➡ **2024年【正逆２番、10番】**	

馬番	枠	父	馬名	母	斤量・性齢	騎手	調教師	賞金	総賞金	馬主	生産者
18	桃8	リアルインパクト	モズメイメイ	インラグジュアリー 未出	54 牝3	松若	音無	5500	11,230	キャピタルS	社台F
17	桃8	モーリス	シゲルピンクルビー	ムーンライトベイ 未出	55 牝5	高倉	渡辺	4200	9750	森中啓子	天羽牧場
16	橙7	キズナ	スマートリアン	スマートオーシャン 1勝	55 牝6	柴田善	石橋	3600	13,955	大川徹	三嶋牧場
15	橙7	フロステッド	(外)ジャスパークローネ	ファンシーキトゥン 米	57 牡4	団野	森秀	4450	10,130	加藤和夫	アメリカ
14	橙7	グレーターロンドン	ロンドンプラン	パッションローズ 4勝	55 牡3	松山	宮本	2000	3800	下河辺隆行	下河辺牧場
13	緑6	プラクティカルジョーク	(外)デュガ	アントラヴェルド 米	55 牡4	菅原明	森秀	2400	5662	藤田晋	アメリカ
12	緑6	レッドスパーダ	ティエムスパーダ	トシザコジーン 3勝	55 牝4	今村	木原	3550	7980	竹園正繼	[illegible]小林牧場
11	緑6	ドリームジャーニー	トウラヴェスーラ	ジャジャマーチャン 未出	58 牡8	藤岡康	高橋康	6300	24,235	吉田照哉	社台F
10	黄5	ヴァンセンヌ	ロードベイリーフ	ショウナンアオバ 未勝	55 牡6	Mデムーロ	森田	2400	10,880	ロードHC	大北牧場
9	黄5	クロフネ	ママコチャ	ブチコ 4勝	55.5 牝4	鮫島駿	池江寿	3800	9370	金子真人HD	ノーザンF
8	青4	キズナ	レジェーロ	ロックフェアレディ 仏	53 牝6	岩田望	西村	2850	[illegible]140	[illegible]	[illegible]橋本牧場
7	青4	ビッグアーサー	クリノマジン	トリンカファイブ 公	55 牡4	田口	高橋忠	2400	7197	栗本守	高昭牧場
6	赤3	リオンディーズ	リプレーザ	サウスエンピリカル 1勝	55 牡5	藤懸	大根田	2650	5550	奥裕嗣	高岸順一
5	赤3	ジャングルポケット	エナジーグラン	エナジーハート 2勝	55 牡4	亀田	高柳大	2400	5850	キャピタルS	宮内牧場
4	黒2	ロードカナロア	サンキューユウガ	マイネアンティーク 未勝	55 牡7	西村淳	西村	2300	8262	田畑利彦	今牧場
3	黒2	ロードカナロア	スティクス	ペンテシレイア 2勝	52 牝5	幸	武幸	2400	5362	シルクR	ノーザンF
2	白1	ロードカナロア	ボンボヤージ	ディープインアスク 未勝	54 牝6	川須	梅田智	4450	9553	廣崎利洋	ASK STUD
1	白1	ディープインパクト	ストーンリッジ	クロウキャニオン 1勝	55 牡6	坂井	藤原英	2050	6980	金子真人HD	ノーザンF

2023年 北九州記念			
1着	⑮ジャスパークローネ	（5番人気）	馬連 2490円
2着	⑨ママコチャ	（1番人気）	3連複 16910円
3着	①ストーンリッジ	（9番人気）	3連単 99380円

注目サイン！

前走②番ゲート馬か、その隣馬が3着以内
22年は16番人気ボンボヤージが優勝、単勝万馬券！

19年	ダイメイプリンセス	自身	1着
20年	レブライティアレディ	隣馬レッドアンシェル	1着
21年	ファンタジステラ	隣馬モズスーパーフレア	3着
22年	アネゴハダ	隣馬ボンボヤージ	1着
23年	ロードベイリーフ	隣馬ママコチャ	2着

前走1番人気1着馬か、その隣馬が3着以内
23年2着ママコチャは後にスプリンターズS制覇

17年	ファインニードル	隣馬ダイアナヘイロー	1着
18年	ダイメイプリンセス	自身	2着
19年	ディアンドル	自身	2着
21年	ジャンダルム	隣馬ファストフォース	2着
22年	ナムラクレア	自身	3着
23年	ママコチャ	自身	2着

※15年から継続中。20年は該当馬の出走ナシ。

馬名頭文字か末尾「フ」馬の隣馬が3着以内
20年は8番人気レッドアンシェル優勝、単勝1490円

19年	ラブカンプー	隣馬ディアンドル	2着
20年	ブライティアレディ	隣馬レッドアンシェル	1着
21年	ファンタジステラ	隣馬モズスーパーフレア	3着
22年	フレッチア	隣馬ナムラクレア	3着
23年	ロードベイリーフ	隣馬ママコチャ	2着

※「ブ」「ブー」も対象。

前走②番ゲート馬か、その隣馬が3着以内
ここでも大穴馬ボンボヤージ指名

19年	ダイメイプリンセス	自身	1着
20年	ブライティアレディ	隣馬レッドアンシェル	1着
21年	ファンタジステラ	隣馬モズスーパーフレア	3着
22年	アネゴハダ	隣馬ボンボヤージ	1着
23年	ロードベイリーフ	隣馬ママコチャ	2着

GIII 七夕賞

2024年7月7日　福島芝2000m（3歳上）

正逆　9番 10番

アイビスサマーD	七夕賞
2019年【正３番】２着	➡ 2020年【正３番】クレッシェンドラヴ　1着
2020年【正13番】2着	➡ 2021年【逆13番】トーラスジェミニ　1着
2021年【逆６番】２着	➡ 2022年【正６番】ヒートオンビート　2着
2022年【逆２番】２着	➡ 2023年【逆２番】セイウンハーデス　1着
2023年【正10番】2着 【逆９番】２着	➡ **2024年【正逆９番、10番】**

1	白1	ルーラーシップ	エヒト	ヒーラ3勝	58 牡6	田中勝	森　秀	5800	15,199	平井裕	白井牧場
2	白1	ロードカナロア	ホウオウエミーズ	エミーズスマイル	54 牝6	丸田	池上和	3600	11,155	小笹芳央	社台F
3	黒2	シルバーステート	バトルボーン	コンカラ[illegible]3勝	56 牡4	津村	林	2400	4920	サンデーR	ノーザンF
4	黒2	キングカメハメハ	ククナ	クルミナル2勝	54 牝5	石川	粟田徹	2500	9264	キャロットF	ノーザンF
5	赤3	ハービンジャー	カレンルシェルブル	カレンケカリーナ5勝	57 牡5	斎藤	安田翔	3800	11,531	鈴木隆司	社台F
6	赤3	ジャングルポケット	サンレイポケット	アドマイヤパンチ未勝	58 牡8	Mデムーロ	高橋忠	4450	25,930	永井啓弍	[illegible]
7	青4	キングズベスト	トーラスジェミニ	エリモエトワール1勝	57 牡7	木幡育	小桧山	8450	19,550	[illegible]原　栄	[illegible]川上牧場
8	青4	キンシャサノキセキ	ガロアクリーク	ゴールドレリック米	57 牡6	永野	上原博	3950	13,800	水上行雄	笠松牧場
9	黄5	ディープインパクト	レッドランメルト	クイーンズアドヴァイス	56 牡4	田辺	国枝	2400	5830	東京HR	社台牧場
10	黄5	キングカメハメハ	グランオフィシエ	マーブルカテドラル3勝	57 牡5	戸崎圭	久保田	3800	10,244	社台RH	社台F
11	緑6	ブラックタイド	フェーングロッテン	ピクシーホロウ3勝	58 牡4	松若	宮本	5800	13,750	サンデーR	ノーザンF
12	緑6	ザファクター	ショウナンマグマ	レッドメアラス未勝	57 牡4	菅原明	尾関	3100	5720	国本哲秀	青藍牧場
13	橙7	ハービンジャー	ヒンドゥタイムズ	マハーバーラタ1勝	58.5 騸7	団野	斉藤崇	6800	19,340	シルクR	ノーザンF
14	橙7	シルバーステート	テーオーソラネル	アドマイヤチャーム未勝	56 牡4	三浦	須貝尚	2400	5667	小笹公也	辻牧場
15	桃8	シルバーステート	セイウンハーデス	ハイノリッジ未勝	57 牡4	幸	橋口慎	3350	8161	西山茂行	鮫川啓一
16	桃8	ハービンジャー	シフルマン	ラブリネスオブパリ2勝	57 牡7	大野	中尾秀	3800	10,540	G1レーシング	社台F

2023年 七夕賞	1着⑮セイウンハーデス（2番人気）	馬連 6510円
	2着④ククナ（9番人気）	3連複 75570円
	3着②ホウオウエミーズ（13番人気）	3連単 274320円

注目サイン！

牝馬の±2馬が連対中
23年は9番人気ククナ2着、馬連6510円！

18 年　キンショーユキヒメ　＋2馬メドウラーク　1着
20 年　リュヌルージュ　－2馬ブラヴァス　2着
21 年　ロザムール　＋2馬トーラスジェミニ　1着
22 年　ロザムール　－2馬エヒト　1着
23 年　ホウオウエミューズ　＋2馬ククナ　2着
※ 19 年は牝馬の出走ナシ。

2枠か6枠が3着以内
18年は12番人気パワーポケット3着、3連単256万馬券！

18 年　6枠パワーポケット　3着
19 年　6枠ミッキースワロー　1着
20 年　2枠クレッシェンドラヴ　1着
21 年　2枠トーラスジェミニ　1着
22 年　6枠アンティシペイト　3着
23 年　2枠ククナ　2着
※ 13 年から継続中。

M・デムーロ騎手の隣枠が3着以内
22年は1番人気ヒートオンビートが2着

15 年　＋1枠マデイラ　3着
20 年　－1枠ブラヴァス　2着
21 年　＋1枠トーラスジェミニ　1着
22 年　＋1枠ヒートオンビート　2着
23 年　－1枠ククナ　2着
※ 16 ～ 19 年は同騎手の騎乗ナシ。

田辺裕信騎手の±6馬が連対中
23年は2番人気セイウンハーデスが優勝

16 年　＋6馬アルバートドック　1着
18 年　＋6馬マイネルサージュ　2着
21 年　＋6馬トーラスジェミニ　1着
23 年　＋6馬セイウンハーデス　1着
※ 17、19、20、22 年は同騎手の騎乗ナシ。

GⅢ プロキオンS

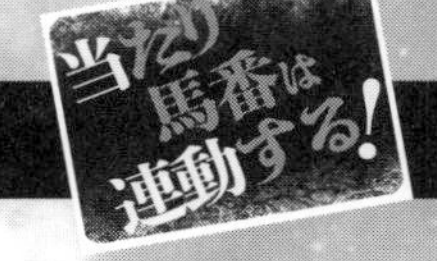

2024年7月7日　小倉ダ1700m（3歳上）

正逆 1番 15番

葵S	プロキオンS	
2019年【正6番】1着	➡ 2020年【正6番】サンライズノヴァ	1着
2020年【正3番】2着	➡ 2021年【正3番】メイショウカズサ	1着
2021年【正7番】1着	➡ 2022年【逆7番】ヒストリーメイカー	2着
2022年【正7番】1着	➡ 2023年【正7番】ドンフランキー	1着
2023年【正15番】1着 【正1番】2着	➡ **2024年【正逆1番、15番】**	

馬番	枠	父	馬名	母	毛色 斤量 性齢	騎手	調教師	賞金	総賞金	馬主	生産者
1	白1	キンシャサノキセキ	ケイアイターコイズ	ケイアイデイジー 3勝	芦 57 牡7	藤懸	新谷	4800	15,260	ケイアイS	新冠橋本牧場
2	白1	マツリダゴッホ	ロイヤルパールス	ラヴフルーヴ 1勝	鹿 57 牡8	中井	緒方	3600	9435	ロイヤルパーク	坂牧場
3	黒2	スマートファルコン	シャマル	ネイティヴコード 3勝	鹿 58 牡5	坂井	松下	8600	21,650	金山敏也	岡田S
4	黒2	ロードカナロア	ジレトール	サンビスタ 11勝	鹿 57 牡4	松山	松永幹	2400	7620	キャロットF	グランド牧場
5	赤3	ドレフォン	エルバリオ	インナーアージ 4勝	鹿 57 牡4	西村淳	高野	2400	6601	サンデーR	ノーザンF
6	赤3	キズナ	イフティファール	ピサノレインボー 未勝	黒鹿 57 牡5	角田河	大久保龍	2400	5824	ノースヒルズ	飛野牧場
7	青4	ダイワメジャー	ドンフランキー	ウィーミスフランキー 米	栗 57 牡4	池添	斉藤崇	3600	7841	[illegible]野誠	ノーザンF
8	青4	キンシャサノキセキ	ブルベアイリーデ	シルクシンフォニー 3勝	鹿 57 牡7	荻野極	杉山晴	5200	20,794	ブルアンドベア	フクオカF
9	黄5	シニスターミニスター	フルム	サンタテレサ 公	黒鹿 57 牡4	水口	浜田	2400	6618	京都ホースR	高橋F
10	黄5	ラニ	リメイク	サリエル 4勝	栗 58 牡4	川田	新谷	5230	12,785	前田幸治	ノースヒルズ
11	緑6	ダンカーク	メイショウテンスイ	フラワーガイア 未勝	栗 57 牡6	太宰	河内	3890	12,530	松本好雄	太陽牧場
12	緑6	トランセンド	メイショウダジン	エメラルドタワー 未勝	栗 57 牡6	酒井	松永昌	3600	10,997	松本好雄	赤田牧場
13	橙7	ヘニーヒューズ	タガノビューティー	スペシャルディナー 1勝	鹿 57 牡6	石橋脩	西園正	7800	23,645	八木良司	新冠タガノF
14	橙7	サウスヴィグラス	(地)アティード	ロックフォーティ 未出	栗 57 牡5	菱田	加藤士	3450	7422	高瀬正志	小林仁
15	桃8	キズナ	オーヴァーネクサス	オーヴァーアンダー 米	鹿 57 牡6	藤岡康	松下	3600	9010	ヒダカBU	須崎牧場
16	桃8	アイルハヴアナザー	オメガレインボー	ワイキューブ 4勝	栗 57 牡7	藤岡佑	安田翔	5500	19,325	原禮子	岡田S

2023年 プロキオンS	着順	人気	配当
	1着⑦ドンフランキー	（2番人気）	馬連 610円
	2着⑩リメイク	（1番人気）	3連複 2080円
	3着⑯オメガレインボー	（5番人気）	3連単 9310円

注目サイン！

西村淳也騎手の隣枠が連対中
23年は2番人気ドンフランキーが優勝

19年　－1枠アルクトス　1着
20年　＋1枠エアスピネル　2着
21年　＋1枠メイショウカズサ　1着
22年　－1枠ゲンパチルシファー　1着
23年　＋1枠ドンフランキー　1着

藤岡康太騎手の±49馬が3着以内
22年は14番人気ヒストリーメイカー2着、馬連2万馬券！

12年　－49馬トシキャンディ　1着
13年　－49馬セイクリムズン　2着
14年　－49馬ベストウォーリア　1着
16年　＋49馬ニシケンモノノフ　2着
22年　＋49馬ヒストリーメイカー　2着
23年　＋49馬オメガレインボー　3着
※15、17～21年は同騎手の騎乗ナシ。

前走9番人気馬の隣馬が連対中
23年は1番人気リメイクが2着

19年　アードラー　隣馬ミッキーワイルド　2着
20年　スマートアヴァロン　隣馬エアスピネル　2着
21年　アヴァンティスト　隣馬メイショウカズサ　1着
22年　サクラアリュール　隣馬ヒストリーメイカー　2着
23年　メイショウテンスイ　隣馬リメイク　2着

前年3番人気の馬番か、その隣馬が連対中
24年は⑬番か、その隣馬に要注意

19年　⑫番（3番人気）→ 20年　⑪番エアスピネル　2着
20年　⑦番（3番人気）→ 21年　⑥番トップウイナー　2着
21年　⑫番（3番人気）→ 22年　⑫番ゲンパチルシファー　1着
22年　⑦番（3番人気）→ 23年　⑦番ドンフランキー　1着
23年　⑬番（3番人気）→ ⑬番か、隣馬が候補

GIII 函館2歳S

2024年7月13日　函館芝1200m（2歳）

正逆 14番 15番

エリザベス女王杯		函館2歳S	
2019年【逆13番】2着	➡	2020年【正13番】リンゴアメ	1着
2020年【逆6番】2着	➡	2021年【正6番】カイカノキセキ	2着
2021年【逆2番】1着	➡	2022年【逆2番】ブトンドール	1着
2022年【逆1番】1着	➡	2023年【逆1番】ゼルトザーム	1着
2023年【逆15番】1着 【逆14番】2着	➡	**2024年【正逆14番、15番】**	

馬番	枠	父	馬名	母	毛色・斤量・性齢	騎手	厩舎	賞金	馬主	生産者
1	白1	ファインニードル(短)	スカイキャンバス	アポロフィオリーナ 3勝(短)	栗 55 牝2	横山武	(美)武井	400	MYレーシング	(ひ)平野牧場
2	黒2	ロードカナロア(マ)	ロータスワンド	ルシュクル 3勝(短)	鹿 55 牝2	藤岡佑	(栗)中竹	400	前田晋二	(新)ノースヒルズ
3	黒2	キンシャサノキセキ(マ)	チークタイム	ウスベニノキミ 1勝(中)	鹿 55 牝2	和田竜	(栗)鈴木孝	400	岡浩二	(ひ)サンデーヒルズ
4	赤3	シャンハイボビー(マ)	タヤスロンドン	ラフメイカー 未勝(マ)	鹿 55 牡2	丹内	(美)岩戸	400	横瀬兼二	(ひ)山際牧場
5	赤3	パイロ(マ中)	ナスティウェザー	レッドフェザー 1勝(マ)	青鹿 55 牡2	(替)富田	(美)加藤征	400	ゴドルフィン	(日)ダーレージャパンF
6	青4	ルーラーシップ(中長)	バスターコール	デグラーティア 4勝(短)	鹿 55 牡2	(替)ルメール	(美)田村	400	サンデーR	(安)ノーザンF
7	青4	アルアイン(中)	クールベイビー	クールユリア 1勝(短)	鹿 55 牝2	佐々木	(美)矢野英	400	川上[illegible]司	(ひ)[illegible]井牧場
8	黄5	カレンブラックヒル(マ中)	カレンナオトメ	オルレアンノオトメ 3勝(中)	栗 55 牝2	(替)黛	(美)小野次	0	ミルF	(浦)ミルF
9	黄5	ロードカナロア(マ)	ナナオ	バイザディンプル 2勝(中)	鹿 55 牝2	(替)西村淳	(栗)小栗	400	増田和啓	(平)二風谷F
10	緑6	エピファネイア(中長)	アガシ	メリートーン 4勝(短)	鹿 55 牡2	武豊	(栗)庄野	400	ケイズジャパン	(浦)笠松牧場
11	緑6	ダノンシャンティ(マ)	コルルディ	ハイヨーシルバー 公(マ)	芦 55 牝2	鮫島駿	(栗)高柳大	400	IZURUジャパン	(日)U・M・A
12	橙7	サトノクラウン(中長)	レガテアドール	レグルドール 2勝(短)	鹿 55 牡2	斎藤	(栗)吉田	400	ローレルR	(浦)グランデF
13	橙7	ダノンレジェンド(短)	ベルパッション	メイショウトモシビ 未勝(マ)	鹿 55 牝2	松田	(栗)西園正	400	山崎太嗣	(浦)三嶋牧場
14	桃8	キズナ(中長)	ルージュレベッカ	シックスイス 亜(短)	鹿 55 牝2	横山和	(栗)昆	400	東京HR	(白)社台牧場
15	桃8	ヘニーヒューズ(短)	ゼルトザーム	ロザリウム 公(マ)	栗 55 牡2	浜中	(栗)加用	400	宮川純造	(浦)富田牧場

2023年 函館2歳S			
	1着⑮ゼルトザーム	（10番人気）	馬連 19620円
	2着⑨ナナオ	（6番人気）	3連複 39010円
	3着①スカイキャンバス	（4番人気）	3連単 347050円

注目サイン！

当日1番人気馬の±2馬が連対中
23年は10番人気ゼルトザーム優勝、単勝2980円！

19年　－2馬ビアンフェ　1着
20年　－2馬リンゴアメ　1着
21年　＋2馬カイカノキセキ　2着
22年　－2馬クリダーム　2着
23年　＋2馬ゼルトザーム　1着

前走1番人気1着馬が3着以内
1着率がやたら高い！

19年　ビアンフェ　1着
20年　リンゴアメ　1着
21年　ナムラリコリス　1着
22年　オマツリオトコ　3着
23年　ゼルトザーム　1着

横山和生騎手の±70馬が連対中
23年は6番人気ナナオ2着、馬連万馬券！

16年　－70馬レヴァンテライオン　1着
21年　＋70馬カイカノキセキ　2着
22年　＋70馬クリダーム　2着
23年　＋70馬ナナオ　2着
※17～20年は同騎手の騎乗ナシ。

3番人気か4番人気馬が3着以内
22年はワンツーで馬連2090円

17年（4人気）アリア　3着
18年（3人気）カルリーノ　3着
19年（4人気）ビアンフェ　1着
20年（4人気）ルーチェドーロ　2着
21年（3人気）ナムラリコリス　1着
22年（4人気）ブトンドール　1着
（3人気）クリダーム　2着
23年（4人気）スカイキャンバス　3着

GⅢ 函館記念

2024年7月14日　函館芝2000m（3歳上）

正逆 7番 11番

ステイヤーズS		函館記念	
2019年【正11番】2着	➡	2020年【逆11番】ドゥオーモ	2着
2020年【正13番】2着	➡	2021年【逆13番】アイスバブル	2着
2021年【正5番】2着	➡	2022年【正5番】マイネルウィルトス	2着
2022年【正7番】1着	➡	2023年【正7番】ルビーカサブランカ	2着
2023年【正7番】1着 【正11番】2着	➡	**2024年【正逆7番、11番】**	

馬番	枠	父	馬名	母	毛色・斤量・性齢	騎手	調教師	賞金	総賞金	馬主	生産者
1	白1	オルフェーヴル	イクスプロージョン	ファシネイション 未勝	鹿 57 牡5	和田竜	杉山晴	3600	10,477	近藤英子	ノーザンF
2	白1	ノーネイネヴァー	(外)ユニコーンライオン	ムラフカ(愛)	黒鹿 59 牡7	国分優	矢作	9600	23,000	ライオンRH	アイルランド
3	黒2	キングカメハメハ	ハヤヤッコ	マシュマロ 2勝	白 58.5 牡7	浜中	国枝	7650	20,850	金子真人HD	ノーザンF
4	黒2	ディープインパクト	ドーブネ	プレミアステップス(愛)	青 57 牡4	武豊	武幸	2500	10,070	藤田晋	社台F
5	赤3	イスラボニータ	ヤマニンサルバム	ヤマニンエマイユ 6勝	黒鹿 56 牡4	横山和	中村	2400	7958	土井肇	錦岡牧場
6	赤3	ヴィクトワールピサ	ロングラン	ノッテビアンカ(仏)	鹿 55 騸5	勝浦	和田勇	2400	5500	梅澤明	社台F
7	青4	キングカメハメハ	ルビーカサブランカ	ムードインディゴ 3勝	栗 55 牝6	吉田隼	須貝尚	5150	15,591	金子真人HD	ノーザンF
8	青4	エピファネイア	ブローザホーン	オートクレール 4勝	鹿 55 牡4	岩田康	中野栄	2400	5845	岡田牧雄	岡田S
9	黄5	ハービンジャー	ローシャムパーク	レネットグルーヴ 3勝	鹿 56 牡4	ルメール	田中博	2400	6594	サンデーR	ノーザンF
10	黄5	キングカメハメハ	アラタ	サンシャイン 3勝	鹿 58 牡6	横山武	和田勇	4800	15,550	村田能光	社台F
11	緑6	スクリーンヒーロー	マイネルウィルトス	マイネボヌール 4勝	黒鹿 57 牡7	丹内	宮	6950	20,185	ラフィアン	ビッグレッドF
12	緑6	キズナ	ローゼライト	エンプレイス 1勝	鹿 52 牝5	斎藤	清水久	2400	6705	中村忠彦	土居牧場
13	橙7	ハーツクライ	スカーフェイス	スプリングサンダー 5勝	鹿 57 牡7	西村淳	中竹	4650	12,266	永井商事	グランド牧場
14	橙7	ジャスタウェイ	テーオーシリウス	ハロースカーレット 1勝	黒鹿 55 牡5	藤岡佑	奥村豊	2400	6513	小笹公也	ヤナガワ牧場
15	桃8	モーリス	アルナシーム	ジュベルアリ 未出	鹿 55 牡4	鮫島駿	橋口慎	2400	6910	ライオンRH	ノーザンF
16	桃8	ハーツクライ	キングオブドラゴン	ベガスナイト 3勝	黒鹿 56 牡6	富田	矢作	3550	13,077	篠田芳郎	社台F

2023年 函館記念	1着⑨ローシャムパーク	（1番人気）	馬連 2520円
	2着⑦ルビーカサブランカ	（4番人気）	3連複 4210円
	3着⑧ブローザホーン	（2番人気）	3連単 21330円

注目サイン！

横山武史騎手の隣枠が3着以内
22年4番人気ルビーカサブランカ2着、馬連2520円

20年	－1枠ドゥオーモ	2着
21年	＋1枠トーセンスーリヤ	1着
22年	－1枠スカーフェイス	3着
23年	－1枠ルビーカサブランカ	2着

丹内祐次騎手の±6馬が3着以内
今のところアタマはナシ

20年	＋6馬ドゥオーモ	2着
21年	－6馬アイスバブル	2着
22年	＋6馬スカーフェイス	3着
23年	＋6馬スカーフェイス	3着

吉田隼人の±4枠が3着以内
こちらも今のところアタマはナシ

20年	±4枠ドゥオーモ	2着
21年	±4枠アイスバブル	2着
22年	±4枠スカーフェイス	3着
23年	±4枠スカーフェイス	3着

※他に「池添謙一騎手の±５馬が３着以内」も継続中。

前走5着馬か、その隣馬が3着以内
21年は14番人気アイスバブル2着、馬連7630円！

17年	ルミナスウォリアー	自身	1着
18年	エアアンセム	自身	1着
19年	ドレットノータス	隣馬マイスタイル	1着
21年	ワールドウインズ	隣馬アイスバブル	2着
22年	アラタ	隣馬スカーフェイス	3着
23年	ルビーカサブランカ	自身	2着
		隣馬ブローザホーン	3着

※ 20年は該当馬の出走ナシ。

GIII 中京記念

2024年7月21日　小倉芝1800m（3歳上）

正逆

東京スポーツ杯2歳S	中京記念	
2019年【正6番】1着	➡ 2020年【逆6番】ラセット	2着
2020年【正3番】1着	➡ 2021年【正3番】アンドラステ	1着
2021年【正3番】2着	➡ 2022年【逆3番】ベレヌス	1着
2022年【正6番】2着	➡ 2023年【正6番】セルバーグ	1着
2023年【正7番】1着 【正1番】2着	➡ **2024年【正逆1番、7番】**	

馬番	枠	父	馬名	母	毛色・斤量・性齢	騎手	厩舎	賞金	総賞金	馬主	生産者
1	白1	ドゥラメンテ	ヴァリアメンテ	ヴァリディオル 未勝	青鹿 55 牡5	西村淳	中内田	2400	7230	G1レーシング	白老F
2	白1	ハーツクライ	シュリ	エーグリア 未勝	黒鹿 57 牡7	荻野極	池江寿	6000	12,277	前田幸貴	ノースヒルズ
3	黒2	ディープインパクト	アドマイヤビルゴ	イルーシヴウェーヴ 愛	鹿 57.5 牡6	岩田望	友道	5300	12,670	近藤旬子	ノーザンF
4	黒2	ワールドエース	メイショウシンタケ	アドマイヤビアン 1勝	鹿 57 牡5	藤岡康	千田	3800	8441	松本好雄	辻牧場
5	赤3	ルーラーシップ	ワールドウインズ	エイジアンウインズ 6勝	鹿 56 騸6	幸	笹田	2700	8571	川勝裕之	藤原牧場
6	赤3	エピファネイア	セルバーグ	エナチャン 未勝	鹿 55 牡4	松山	鈴木孝	2400	5590	桑畑夏美	前谷武志
7	青4	ミッキーアイル	アナゴサン	タケノローマン 公営	栗 55 牡5	国分恭	牧田	2400	11,157	内田玄祥	松浦牧場
8	青4	ロードカナロア	サブライムアンセム	バストフォリア 4勝	鹿 55 牝4	三浦	藤原英	4100	8640	サンデーR	ノーザンF
9	黄5	キングカメハメハ	ホウオウアマゾン	ヒカルアマランサス 4勝	栗 58 牡5	坂井	矢作	6200	16,690	小笹芳央	ノーザンF
10	黄5	スクリーンヒーロー	ウイングレイテスト	グレートキャティ 2勝	栗 57 牡6	松岡	畠山吉	3450	14,464	ウイン	コスモヴューF
11	緑6	モーリス	ディヴィーナ	ヴィルシーナ 5勝	鹿 54 牝5	Mデムーロ	友道	2400	7370	佐々木主浩	ノーザンF
12	緑6	ロードカナロア	ダノンスコーピオン	レキシールー 加	鹿 59 牡4	横山和	安田隆	9700	22,700	ダノックス	ケイアイF
13	橙7	モーリス	ベジャール	エスジーブルーム 3勝	黒鹿 55 牡4	菅原明	田中博	2100	5334	シンシアリー	辻牧場
14	橙7	ロードカナロア	カイザーミノル	ストライクルート 公営	鹿 56 牡7	横山典	北出	3800	15,462	吉岡實	フジワラF
15	桃8	ディープブリランテ	ミッキーブリランテ	エピックラヴ 愛	鹿 57 牡7	和田竜	矢作	5400	17,680	野田みづき	ノーザンF
16	桃8	ディープインパクト	ルージュスティリア	ドライヴンスノー 米	鹿 53 牝4	川田	藤原英	2400	4420	東京HR	社台牧場

2023年 中京記念			
	1着⑥セルバーグ	（8番人気）	馬連 4430円
	2着⑪ディヴィーナ	（2番人気）	3連複 4420円
	3着⑯ルージュスティリア	（1番人気）	3連単 40300円

注目サイン！

正逆59番が3着以内
23年は8番人気セルバーグ優勝、単勝1660円

19 年　逆 59 番クリノガウディー　2着
20 年　逆 59 番メイケイダイハード　1着
21 年　正 59 番クラヴェル　3着
22 年　正 59 番カテドラル　2着
23 年　逆 59 番セルバーグ　1着

川田将雅騎手の－16馬が3着以内
23年は1番人気ルージュスティリアが3着

20 年　－ 16 馬ラセット　2着
21 年　－ 16 馬クラヴェル　3着
22 年　－ 16 馬ファルコニア　3着
23 年　－ 16 馬ルージュスティリア　3着

西村淳也騎手の±15隣馬が3着以内
21年は1番人気アンドラステが順当勝ち

20 年　＋ 15 馬ラセット　2着
21 年　＋ 15 馬アンドラステ　1着
22 年　－ 15 馬ファルコニア　3着
23 年　＋ 15 馬ルージュスティリア　3着

M・デムーロ騎手の±2枠が3着以内
22年は6番人気ベレヌス優勝、単勝1160円

15 年　－2枠アルマディヴァン　2着
16 年　－2枠ケントオー　3着
17 年　＋2枠ウインガニオン　1着
18 年　＋2枠グレーターロンドン　1着
19 年　－2枠プリモシーン　3着
22 年　－2枠ベレヌス　1着
23 年　＋2枠ルージュスティリア　3着
※ 20、21 年は同騎手の騎乗ナシ。

GIII アイビスサマーD

2024年7月28日　新潟芝1000m（3歳上）

正逆　4番 14番

カペラS	アイビスサマーD	
2019年【逆10番】1着	➡ 2020年【逆10番】ジョーカナチャン	1着
2020年【逆4番】1着	➡ 2021年【逆4番】オールアットワンス	1着
2021年【逆16番】2着	➡ 2022年【正16番】ビリーバー	1着
2022年【逆16番】2着	➡ 2023年【逆16番】オールアットワンス	1着
2023年【逆14番】1着 【逆4番】2着	➡ **2024年【正逆4番、14番】**	

馬番	枠	父	馬名	母	斤量・性齢	騎手	調教師	賞金	総賞金	馬主	生産者
1	白1	ロードカナロア	(地)スワーヴシャルル	キングスローズ 新	57 牡7	田辺	安田隆	3260	10,982	NICKS	ノーザンF
2	白1	ヴァンセンヌ	ロードベイリーフ	ショウナンアオバ 未勝	57 牡6	西村淳	森田	2400	9880	ロードHC	大北牧場
3	黒2	マクフィ	オールアットワンス	シュプリームギフト 5勝	55 牝5	ホー	中舘	2950	7750	吉田勝己	ノーザンF
4	黒2	ザファクター	ロサロッサーナ	ベイルローズ 1勝	55 牝4	津村	伊坂	900	2020	星加浩一	土田農場
5	赤3	トーセンラー	パンデルオーラ	マチカネハヤテ 5勝	57 牡4	幸	牧浦	1500	3915	社台RH	社台F
6	赤3	モアザンレディ	(外)ジャングロ	ゲァバイストレンジャー 未	58 牡4	戸崎圭	森秀	4900	10,090	藤田晋	アメリカ
7	青4	マツリダゴッホ	チェアリングソング	チェアユーアップ 2勝	57 牡6	藤田菜	青木	2400	8584	ノルマンディーTR	岡田S
8	青4	バトルプラン	ライオンボス	ウーマンインレッド 未出	57 牡8	大野	和田郎	7450	15,980	[illegible]田牧場	対馬正
9	黄5	ロードカナロア	サトノファビュラス	サトノエカテリーナ 未勝	55 牝6	丸田	宗像	2400	6796	里見治	下河辺牧場
10	黄5	アドマイヤムーン	トキメキ	リーベストラウム 3勝	55 牝6	松岡	斎藤誠	2400	9082	ミルF	ミルF
11	緑6	アジアエクスプレス	メディーヴァル	メジェルダ 1勝	57 牡5	今村	寺島	2700	7952	ターフS	村田牧場
12	緑6	リオンディーズ	ヤマトコウセイ	メルティーキス 未勝	55 牝4	小林脩	武井	2400	4690	鈴木正浩	[illegible]
13	橙7	ディスクリートキャット	ヴァガボンド	カプリースレディー 1勝	57 牡5	岩田望	清水久	2400	4857	カナヤマHD	[illegible]
14	橙7	ロードカナロア	スティクス	ペンテシレイア 2勝	55 牝5	坂井	武幸	2400	5362	シルクR	ノーザンF
15	橙7	アドマイヤムーン	マウンテンムスメ	ヤマガール 1勝	55 牝5	柴田善	中野栄	2400	8151	西村新一郎	[illegible]
16	桃8	パイロ	ファイアダンサー	エンジェヌー 3勝	55 牝5	武藤	鈴木慎	1500	6611	ゴドルフィン	ダーレーJF
17	桃8	サウスヴィグラス	シンシティ	ジェネロシティー 1勝	55 牝6	田中健	木原	3200	7733	安藤晋平	高昭牧場
18	桃8	キズナ	レジェーロ	ロックフェアレディ	55 牝6	団野	西村	2850	7730	山本剛士	[illegible]

2023年 アイビス サマーD	1着③オールアットワンス（9番人気）	馬連 12570円
	2着⑩トキメキ（6番人気）	3連複 110120円
	3着②ロードベイリーフ（12番人気）	3連単 804460円

注目サイン！

前走12番人気馬の隣馬が3着以内
23年は6番人気トキメキ2着、馬連万馬券！

19 年	ラインスピリット	隣馬ライオンボス	1着
20 年	アユツリオヤジ	隣馬ビリーバー	3着
21 年	モメチョッタ	隣馬バカラクイーン	3着
22 年	クリスティ	隣馬ビリーバー	1着
23 年	メディーヴァル	隣馬トキメキ	2着

藤田菜七子騎手の－2枠が連対中
23年は9番人気オールアットワンス優勝、単勝3920円！

19 年	＋2枠ライオンボス	1着
20 年	－2枠ライオンボス	2着
21 年	－2枠ライオンボス	2着
22 年	－2枠ビリーバー	1着
23 年	－2枠オールアットワンス	1着

前走韋駄天S出走馬が連対中
22年は7番人気ビリーバー優勝、単勝1730円

19 年	ライオンボス	1着（韋駄天S1着）
20 年	ジョーカナチャン	1着（韋駄天S2着）
21 年	ライオンボス	2着（韋駄天S9着）
22 年	ビリーバー	1着（韋駄天S4着）
23 年	トキメキ	2着（韋駄天S3着）

馬名末尾「ス」馬の＋1隣馬が3着以内
22年は14番人気ロードベイリーフ3着、3連単26万馬券！

18 年	クラウンアイリス	＋1馬ナインテイルズ	3着
19 年	ダイメイプリンセス	＋1馬カッパツハッチ	2着
20 年	ダイメイプリンセス	＋1馬ジョーカナチャン	1着
21 年	ロードエース	＋1馬ライオンボス	2着
22 年	スティクス	＋1馬ロードベイリーフ	3着
23 年	サトノファビラス	＋1馬トキメキ	2着

GIII クイーンS

2024年7月28日　札幌芝1800m（3歳上牝馬）

当たり馬番は連動する！

プロキオンS		クイーンS	
2019年【逆6番】1着	➡	2020年【逆6番】ビーチサンバ	2着
2020年【逆6番】2着	➡	2021年【正6番】マジックキャッスル	2着
2021年【逆11番】2着	➡	2022年【逆11番】サトノセシル	2着
2022年【逆7番】2着	➡	2023年【正7番】ドゥーラ	1着
2023年【逆10番】1着 【逆7番】2着	➡	**2024年【正逆7番、10番】**	

枠	馬番	父	馬名	母	斤量・性齢	騎手	厩舎	賞金	総賞金	馬主	生産者
白1	1	イスラボニータ	コスタボニータ	レディイン仏	芦 55 牝4	松山	杉山佳	2400	6842	谷掛龍夫	社台F
黒2	2	ゴールドシップ	ウインピクシス	コスモアクセス4勝	芦 55 牝4	横山武	上原博	2400	5720	ウイン	コスモヴューF
赤3	3	ディープインパクト	ライトクオンタム	イルミナント米	青鹿 52 牝3	武豊	武幸	2400	*4700	社台RH	社台F
赤3	4	キングカメハメハ	ルビーカサブランカ	ムードインディゴ3勝	栗 55 牝6	ルメール	須貝尚	6000	17,291	金子真人HD	ノーザンF
青4	5	フランケル	(外)サトノセシル	デューブ独	鹿 55 牝7	佐々木	堀	3100	11,550	里見治	イギリス
青4	6	キズナ	ローゼライト	エンプレイス1勝	鹿 55 牝5	鮫島駿	清水久	2400	6705	中村忠彦	土居牧場
黄5	7	ドゥラメンテ	ドゥーラ	イシス1勝	黒鹿 51 牝3	斎藤	高橋康	2000	7530	サイプレスHD	グラン[illegible]
黄5	8	ダノンバラード	キタウイング	キタノリツメイ未勝	黒鹿 52 牝3	江田照	小島茂	3850	7430	ミルF	ミルF
緑6	9	ディープインパクト	グランスラムアスク	ジェニサ米	鹿 55 牝4	古川奈	矢作	2400	6820	廣崎利洋HD	下河辺牧場
緑6	10	エピファネイア	イズジョーノキセキ	キングダンサー1勝	鹿 57 牝6	岩田康	中村	5150	22,034	泉一郎	沖田哲夫
橙7	11	ロードカナロア	ジネストラ	ハッピーパス5勝	鹿 55 牝5	三浦	鹿戸雄	2400	9414	サンデーR	ノーザンF
橙7	12	キングズベスト	ミスニューヨーク	マンハッタンミート1勝	青鹿 56 牝6	Mデムーロ	杉山晴	6100	18,177	高昭牧場	高昭牧場
桃8	13	キズナ	ビジン	ザフラッツ米	黒鹿 55 牝4	藤岡佑	武英	2400	5606	齊藤孝雄	飛野牧場
桃8	14	サトノクラウン	トーセンローリエ	トーセンナチュラル1勝	黒鹿 51 牝3	吉田隼	小笠	2100	4080	島川隆哉	エスティF

2023年 クイーンS

1着⑦ドゥーラ	（1番人気）	馬連 3930円
2着②ウインピクシス	（9番人気）	3連複 8920円
3着①コスタボニータ	（3番人気）	3連単 41860円

注目サイン！

正逆27番が3着以内
23年は9番人気ウインピクシス2着、馬連3930円

19年　正27番ミッキーチャーム　1着
20年　逆27番スカーレットカラー　3着
21年　逆27番サトノセシル　3着
22年　逆27番ローザノワール　3着
23年　逆27番ウインピクシス　2着
※16年から継続中。

1番人気か2番人気馬が3着以内
超ロングラン・セオリーには逆らえない

19年（1人気）ミッキーチャーム　1着
20年（1人気）スカーレットカラー　3着
21年（1人気）マジックキャッスル　2着
22年（2人気）テルツェット　1着
23年（1人気）ドゥーラ　1着
※06年から継続中。

前走GⅠ出走馬が連対中
23年は前走オークス出走のドゥーラが優勝

17年　アエロリット　1着
18年　ディアドラ　1着
19年　ミッキーチャーム　1着
20年　ビーチサンバ　2着
21年　テルツェット　1着
22年　テルツェット　1着
23年　ドゥーラ　1着

吉田隼人騎手の3隣枠が連対中
22年は2番人気テルツェットが優勝

18年　＋3枠ディアドラ　1着
19年　＋3枠ミッキーチャーム　1着
20年　－3枠ビーチサンバ　2着
22年　＋3枠テルツェット　1着
23年　－3枠ドゥーラ　1着
※21年は同騎手の騎乗ナシ。

GⅢ レパードS

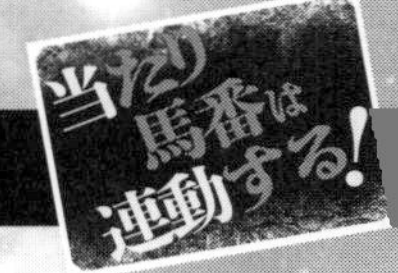

2024年8月4日　新潟ダ1800m（3歳）

正逆　5番 15番

ニュージーランドT	レパードS	
2019年【正１番】１着	➡ 2020年【正１番】ケンシンコウ	１着
2020年【正14番】2着	➡ 2021年【正14番】スウィ―プザボード	2着
2021年【正15番】2着	➡ 2022年【正15番】カフジオクタゴン	１着
2022年【正６番】１着	➡ 2023年【正６番】オメガギネス	2着
2023年【正５番】１着 【正15番】2着	➡ **2024年【正逆５番、15番】**	

馬番	枠	馬名	父	母	毛色・斤量・性齢	騎手	厩舎	賞金	総賞金	馬主	生産者
1	白1	リバートゥルー	レッドファルクス	フルオブグレース 未勝	芦 54 牝3	吉田豊	久保田	900	1678	佐々木幸弘	白老F
2	黒2	ソッコータルマカ	ホッコータルマエ	ブライダルブーケ 未勝	鹿 56 牡3	坂井	四位	900	1722	スリーエイチR	下河辺牧場
3	黒2	クレメダンジュ	ラニ	シェルエメール 2勝	芦 54 牝3	和田竜	鈴木孝	1510	3015	ノースヒルズ	ノースヒルズ
4	赤3	マオノアラシ	ゴールドアクター	マオノココロ 未勝	栗 56 牡3	菱田	加藤士	900	1932	湯浅健司	ダイヤモンドF
5	赤3	ライオットガール	シニスターミニスター	マリアビスティー 2勝	黒鹿 54 牝3	岩田望	中村	1500	3030	ヒダカファーム	ヒダカF
6	青4	オメガギネス	ロゴタイプ	スタートアップ 未勝	栗 56 牡3	戸崎圭	大和田	900	1480	原禮子	社台F
7	青4	ツウカイリアル	ホッコータルマエ	テアトロレアル 未勝	鹿 56 牡3	幸	庄野	900	1870	木村[illegible]樹	[illegible]本牧場
8	黄5	ベンダバリラビア	アジアエクスプレス	エーシンラクーン 未勝	栗 56 牡3	石橋脩	寺島	900	1790	幅田昌伸	中前牧場
9	黄5	(外)ミスティックロア	アロゲート	フォークロア 米	芦 56 牡3	川田	矢作	900	1570	DMMドリームC	アメリカ
10	緑6	パクスオトマニカ	ヴィクトワールピサ	ディープラヴ 未勝	鹿 56 牡3	田辺	久保田	2100	4410	窪田芳郎	ノーザンF
11	緑6	ルクスフロンティア	エピファネイア	サトノアイリ 1勝	黒鹿 56 牡3	秋山真	松永幹	900	2040	ルクス	千代田牧場
12	橙7	マテンロウガイ	リアルスティール	エアベルヘザー 公	鹿 56 牡3	角田和	角田	900	1330	寺田千代乃	稲原牧場
13	橙7	エクロジャイト	ヘニーヒューズ	オージャイト 3勝	鹿 56 牡3	北村友	安田隆	2100	3860	サンデーR	ノーザンF
14	桃8	クールミラボー	ドレフォン	サンソヴール 3勝	鹿 56 牡3	松山	寺島	900	3200	G1レーシング	ノーザンF
15	桃8	ハッスルダンク	ダンカーク	カジノスマイル 1勝	鹿 56 牡3	杉原	中川	900	1662	高橋義一	橋本牧場

2023 年 レパードS			
	1着⑤ライオットガール	（5番人気）	馬連 3790 円
	2着⑥オメガギネス	（3番人気）	3連複 20790 円
	3着⑪ルクスフロンティア	（8番人気）	3連単 124360 円

注目サイン！

前走1着馬か、その隣馬が連対中
20年は7番人気ケンシンコウ優勝、単勝2230円

17年	サルサディオーネ	自身	2着
18年	アドマイヤビクター	隣馬グリム	1着
19年	ワシントンテソーロ	隣馬ハヤヤッコ	1着
20年	ブランクチェック	隣馬ケンシンコウ	1着
21年	メイショウムラクモ	自身	1着
22年	カフジオクタゴン	自身	1着
23年	オメガギネス	自身	2着

レパードSはM・デムーロ騎手の±10馬が連対中
22年は7番人気カフジオクタゴン優勝、単勝2160円

15年	－10馬ダノンリバティ	2着
16年	－10馬ケイティブレイブ	2着
20年	＋10馬ケンシンコウ	1着
22年	＋10馬カフジオクタゴン	1着

※17～19、21、23年は同騎手の騎乗ナシ。

前走⑦番ゲート馬か、その隣馬が3着以内
21年は10番人気スウィープザボード2着、馬連5240円！

17年	シゲルコング	隣馬サルサディオーネ	2着
18年	グリム	自身	1着
19年	ハヤブサナンデクン	隣馬トイガー	3着
21年	スウィープザボード	自身	2着
22年	オメガギネス	自身	2着
23年	タイセイドレフォン	自身	2着

※20年は該当馬の出走ナシ。

GIII エルムS

当たり馬番は連動する!

2024年8月4日　札幌ダ1700m（3歳上）

きさらぎ賞		エルムS	
2019年【逆８番】2着	➡	2020年【正８番】ウェスタールンド	2着
2020年【正２番】2着	➡	2021年【逆２番】オメガレインボー	2着
2021年【逆９番】2着	➡	2022年【正９番】フルデプスリーダー	1着
2022年【逆９番】2着	➡	2023年【逆９番】セキフウ	1着
2023年【逆７番】1着 【逆２番】2着	➡	**2024年【正逆２番、７番】**	

枠	馬番	馬名	父	母	斤量・性齢	騎手	調教師	賞金	総賞金	馬主	生産者
桃8	14	ベレヌス	タートルボウル	カフヴァール（3勝）	57牡6	西村淳	杉山晴	4450	12,740	キャロットF	ノーザンF
桃8	13	アシャカトブ	シニスターミニスター	ヴェリタスマリコ（未出）	57牡7	丹内	小笠	5140	12,870	吉冨学	岡田牧場
橙7	12	ルコルセール	ロードカナロア	ラバヤデール（3勝）	57牡5	鮫島駿	堀	3600	9065	G1レーシング	追分F
橙7	11	タイセイサムソン	メイショウサムソン	マイユクール（3勝）	57牡5	横山和	奥村武	3600	9810	田中成奉	日進牧場
緑6	10	カフジオクタゴン	モーリス	メジロマリアン（3勝）	58牡4	池添	矢作	3500	9484	加藤守	レイクヴィラF
緑6	9	(地)シルトプレ	ワールドエース	エアディケム（未勝）	57牡4	石川倭	米川昇	3990	7734	原久美子	藤原牧場
黄5	8	(地)ロッシュローブ	ロードカナロア	サンコロネット（3勝）	57牡6	浜中	田中克	3310	9196	水上行雄	笠松牧場
黄5	7	ロードブレス	ダノンバラード	ミステリューズ（未勝）	58牡7	横山武	奥村豊	6760	15,046	ロードHC	市川牧場
青4	6	セキフウ	ヘニーヒューズ	シャボナ（未）	57牡4	武豊	武幸	4870	13,481	辻明	パンプー牧場
青4	5	オーソリティ	オルフェーヴル	ロザリンド（未勝）	58牡6	ルメール	木村	21,370	52,054	シルクR	ノーザンF
赤3	4	(地)ワールドタキオン	アジアエクスプレス	アナコンダ（1勝）	57牡5	斎藤	斎藤誠	2400	4681	MOJA	川向高橋育成
赤3	3	ペプチドナイル	キングカメハメハ	クイーンオリーブ（4勝）	57牡5	富田	武英	5000	10,740	沼川一彦	杵臼牧場
黒2	2	ファルコニア	ディープインパクト	カンビーナ（重）	58牡6	吉田隼	高野	5850	19,805	社台RH	社台F
白1	1	ペイシャエス	エスポワールシチー	リサプシュケ（2勝）	59牡4	菅原明	小西	5550	13,930	北所直人	高村伸一

2023年 エルムS			
	1着⑥セキフウ	（6番人気）	馬連 3910円
	2着④ワールドタキオン	（4番人気）	3連複 30680円
	3着⑧ロッシュローブ	（10番人気）	3連単 200220円

注目サイン！

カク地馬かマル地馬の隣馬が3着以内
23年は10番人気ロッシュローブ3着、3連単20万馬券！

17年	オヤコダカ	隣馬テイエムジンソク	2着
18年	リッカルド	隣馬ドリームキラリ	2着
19年	モルトベーネ	隣馬モズアトラクション	1着
22年	ヒストリーメイカー	隣馬ウェルドーン	2着
23年	ロッシュロープ	隣馬ロッシュローブ	3着

※15年から継続中。20、21年は該当馬の出走ナシ。

1番人気馬か、その隣馬が3着以内
19年は10番人気ハイランドピーク2着、馬連9220円！

19年	グリム	隣馬ハイランドピーク	2着
20年	タイムフライヤー	自身	1着
21年	アメリカンシード	隣馬スワーヴアラミス	1着
22年	ブラッティーキッド	隣馬オメガレインボー	3着
23年	ペプチドナイル	隣馬ワールドタキオン	2着

※16年から継続中。

吉田隼人騎手の±22馬が3着以内
23年以外は連対、さて24年は……

16年	－22馬リッカルド	1着
20年	＋22馬タイムフライヤー	1着
21年	－22馬スワーヴアラミス	1着
22年	－22馬ウェルドーン	2着
23年	－22馬ロッシュローブ	3着

※10年から継続中。17、18年は同騎手の騎乗ナシ。

池添謙一騎手の±2枠が3着以内
23年は6番人気セキフウ3着、単勝1230円

19年	－2枠モズアトラクション	1着
20年	＋2枠タイムフライヤー	1着
22年	－2枠オメガレインボー	3着
23年	－2枠セキフウ	1着

※16年から継続中。21年は同騎手の騎乗ナシ。

GIII 関屋記念

2024年8月11日　新潟芝1600m（3歳上）

正逆　9番 13番

ファルコンS	関屋記念	
2019年【逆1番】1着	➡ 2020年【逆1番】トロワゼトワル	2着
2020年【逆13番】1着	➡ 2021年【正13番】カラテ	2着
2021年【逆12番】2着	➡ 2022年【正12番】ウインカーネリアン	1着
2022年【逆16番】2着	➡ 2023年【逆16番】アヴェラーレ	1着
2023年【逆9番】1着 【逆13番】2着	➡ **2024年【正逆9番、13番】**	

馬番	枠	馬名	父	母	斤量・性齢	騎手	調教師	賞金	総賞金	馬主	生産者
1	白1	ディヴィーナ	モーリス	ヴィルシーナ5勝	55 牝5	Mデムーロ	友道	3200	8970	佐々木主浩	ノーザンF
2	白1	アヴェラーレ	ドゥラメンテ	アルビアーノ4勝	55 牝5	戸崎圭	木村	2400	8134	シルクR	ノーザンF
3	黒2	フォルコメン	ヴィクトワールピサ	イマーキュレイトキャット米	57 騸7	大野	堀	3200	10,024	社台RH	社台F
4	黒2	コンシリエーレ	ドレフォン	クーシャズスター米	57 牡4	丸山	稲垣	3900	10,850	吉田和美	ノーザンF
5	赤3	セルバーグ	エピファネイア	エナチャン未勝	58 牡4	吉田豊	鈴木孝	4450	9690	桑畑夏美	前谷武志
6	赤3	フラーズダルム	キズナ	クーデグレイス4勝	55 牝5	木幡巧	松永昌	2400	8245	吉田勝己	ノーザンF
7	青4	フィアスプライド	ディープインパクト	ストロベリーフェア英	55 牝5	北村宏	国枝	2400	6231	ゴドルフィン	ダーレージャパンF
8	青4	ララクリスティーヌ	ミッキーアイル	スーパーマダム1勝	55 牝5	菅原明	斉藤崇	6900	15,6[illegible]0	フジイ[illegible]	[illegible]牧場
9	黄5	ミッキーブリランテ	ディープブリランテ	エピックラヴ愛	57 牡7	丸田	矢作	5400	17,680	野田みづき	ノーザンF
10	黄5	カワキタレブリー	ドレフォン	カフジビーナス1勝	57 牡4	菱田	杉山佳	2400	11,111	川島和範	川島牧場
11	緑6	メイショウシンタケ	ワールドエース	アドマイヤビアン1勝	57 牡5	浜中	千田	3800	8441	松本好雄	辻牧場
12	緑6	ノルカソルカ	エピファネイア	ワイドロータス1勝	57 牡6	小林脩	藤岡健	2400	9997	稲田昌伸	下河辺牧場
13	橙7	サクラトゥジュール	ネオユニヴァース	サクラレーヌ未勝	57 牡6	田辺	堀	3600	12,316	さくらコマース	谷岡牧場
14	橙7	(外)ロータスランド	ポイントオブエントリー	リトルミスマフェット米	55 牝6	内田博	辻野	10,150	22,640	小林英一HD	アメリカ
15	桃8	アナザーリリック	リオンディーズ	アンソロジー2勝	55 牝5	津村	林	4500	8920	シルクR	ノーザンF
16	桃8	ラインベック	ディープインパクト	アパパネ7勝	57 騸6	石橋脩	友道	3900	13,650	金子真人HD	ノーザンF
17	桃8	ビューティフルデイ	ディープインパクト	マルケサ米	55 牝5	三浦	国枝	3800	9900	タイヘイ牧場	タイヘイ牧場

2023年
関屋記念

1着②アヴェラーレ（4番人気）　馬連 1800円
2着①ディヴィーナ（2番人気）　3連複 7990円
3着⑯ラインベック（6番人気）　3連単 36190円

2024年8月11日
関屋記念

注目サイン！

前走4着馬か、その隣馬が3着以内
22年は12番人気シユリ2着、馬連万馬券！

19年　ミエノサクシード　自身　2着
20年　アンドラステ　自身　3着
21年　ブランノワール　隣馬ソングライン　3着
22年　リアアメリア　隣馬シユリ　2着
23年　アヴェラーレ　自身　1着

M・デムーロ騎手の±17馬が3着以内
21年は6番人気カラテ2着、馬連6710円！

18年　＋17馬プリモシーン　1着
19年　＋17馬ソーグリッタリング　3着
20年　－17馬サトノアーサー　1着
21年　＋17馬カラテ　2着
22年　＋17馬シュリ　2着
23年　±17馬ディヴィーナ　2着

津村秀明騎手の±16馬が3着以内
23年は6番人気ラインベック3着、3連単3万馬券

18年　－16馬プリモシーン　1着
19年　＋16馬ミエノサクシード　2着
20年　－16馬サトノアーサー　1着
21年　＋16馬カラテ　2着
22年　＋16馬ダノンザキッド　3着
23年　－16馬ラインベック　3着
※17年から継続中。他に「7枠か8枠が3着以内」も継続中。

馬名頭文字か末尾「ア」馬か、その隣馬が3着以内
23年はワンツー、馬連1800円

19年　サラキア　隣馬ソーグリッタリング　3着
20年　アンドラステ　自身　3着
21年　アトミックフォース　隣馬ロータスランド　1着
22年　リアアメリア　隣馬シユリ　2着
23年　アヴェラーレ　自身　1着
　　　　　　　　　　隣馬ディヴィーナ　2着

GIII 小倉記念

2024年8月11日　中京芝2000m（3歳上）

正逆　1番2番

小倉2歳S	小倉記念	
2019年【逆10番】2着	➡ 2020年【逆10番】サトノガーネット	2着
2020年【逆2番】2着	➡ 2021年【逆2番】モズナガレボシ	1着
2021年【逆2番】1着	➡ 2022年【正2番】マリアエレーナ	1着
2022年【逆3番】2着	➡ 2023年【正3番】エヒト	1着
2023年【逆1番】1着 【逆2番】2着	➡ **2024年【正逆1番、2番】**	

	16	15	14	13	12	11	10	9
枠	桃8	桃8	橙7	橙7	緑6	緑6	黄5	黄5
父	ハーツクライ	ドゥラメンテ	ルーラーシップ	エピファネイア	ドリームジャーニー	ルーラーシップ	キングカメハメハ	ハービンジャー
馬名	スカーフェイス	レヴェッツァ	ヴァンケドミンゴ	アップデート	ザイツィンガー	ワンダフルタウン	ククナ	スタッドリー
母	スプリングサンダー5勝	コンヴィクションII重	アンフィルージュ3勝	ラヴィアンフルール未勝	ザッハトルテ4勝	シーオブラブ未勝	クルミナル2勝	ウインフロレゾン2勝
毛色・斤量・性齢	鹿 57 牡7	鹿 53 牝5	鹿 56 牡7	鹿 53 牡4	芦 54 牡7	鹿 58 牡5	黒鹿 54 牝5	鹿 56 牡5
騎手	幸	酒井	藤岡康	松若	国分恭	和田竜	岩田望	坂井
調教師	中竹	斉藤崇	藤岡健	杉山晴	牧田	高橋忠	栗田徹	奥村豊
賞金	4650	1500	3200	1500	2400	4700	3350	2400
総賞金	12,266	4704	10,490	2990	7030	10,570	10,964	8390
馬主	永井商事	早野誠	福田昌伸	石川達絵	永田和彦	三田昌宏	キャロットF	シルクR
生産者	グランド牧場	ノーザンF	斉藤安行	白井牧場	森永牧場	ノーザンF	ノーザンF	白老F

	8	7	6	5	4	3	2	1
枠	青4	青4	赤3	赤3	黒2	黒2	白1	白1
父	キズナ	ドゥラメンテ	ハーツクライ	グランプリボス	クロフネ	ルーラーシップ	ジャスタウェイ	ハービンジャー
馬名	エニシノウタ	ゴールドエクリプス	カテドラル	モズナガレボシ	マリアエレーナ	エヒト	テーオーシリウス	カレンルシェルブル
母	ウアジェト2勝	ゴールドグローリー1勝	アビラ英	モズフリムカナイデ未勝	テンダリーヴォイス2勝	ヒーラ3勝	ハロースカーレット1勝	カレンケカリーナ5勝
毛色・斤量・性齢	黒鹿 50 牝5	栗 51 牝4	鹿 58.5 牡7	芦 55 牡6	芦 56.5 牝5	鹿 58 牡6	黒鹿 55 牡5	鹿 57 牡5
騎手	永島	角田河	団野	小野寺	松山	川田	西村淳	斎藤
調教師	笹田	大久保龍	池添学	荒川	吉田	森秀	奥村豊	安田翔
賞金	1600	1500	9350	3650	6350	5800	2400	3800
総賞金	7237	4170	21,960	10,992	17,647	15,199	6513	11,531
馬主	岡浩二	[illegible]城寿与	キャロットF	キャピタルS	金子真人HD	平井裕	小笹公也	鈴木隆司
生産者	辻牧場	北勝F	ノーザンF	谷川牧場	日高大洋牧場	白井牧場	ヤナガワ牧場	社台F

2023年 小倉記念			
	1着③エヒト	（3番人気）	馬連 3870円
	2着②テーオーシリウス	（5番人気）	3連複 5940円
	3着⑦ゴールドエクリプス	（2番人気）	3連単 40620円

注目サイン！

正逆47番が連対中
23年は5番人気テーオーシリウス2着、馬連3870円

17年　正47番サンマルティン　2着
18年　正47番トリオンフ　1着
19年　正47番メールドグラース　1着
20年　正47番サトノガーネット　2着
21年　正47番ヒュミドール　2着
22年　逆47番マリアエレーナ　1着
23年　逆47番テーオーシリウス　2着

川田将雅騎手の±63馬が3着以内
21年は6番人気モズナガレボシ優勝、単勝960円

17年　＋63馬サンマルティン　2着
19年　＋63馬ノーブルマーズ　3着
20年　±63馬アウトライアーズ　3着
21年　－63馬モズナガレボシ　1着
23年　＋63馬テーオーシリウス　2着
※18、22年は同騎手の騎乗ナシ。

前走GⅢ出走馬が連対中
23年は3番人気エヒト優勝、単勝680円

19年　メールドグラース　1着（鳴尾記念）
20年　サトノガーネット　2着（エプソムC）
21年　ヒュミドール　2着（エプソムC）
22年　マリアエレーナ　1着（マーメイドS）
23年　エヒト　1着（七夕賞）
※16年から継続中。

松山弘平騎手か、その隣馬が連対中
22年は2番人気マリアエレーナが2着

20年　サトノガーネット　自身　2着
21年　モズナガレボシ　自身　1着
22年　マリアエレーナ　自身　1着
23年　マリアエレーナ　隣馬エヒト　1着
※17年から継続中。

GIII CBC賞

2024年8月18日　中京芝1200m（3歳上）

正逆 7番 15番

チャンピオンズC	CBC賞	
2019年【正11番】2着	➡ 2020年【逆11番】アンヴァル	2着
2020年【正11番】1着	➡ 2021年【逆11番】ファストフォース	1着
2021年【正13番】2着	➡ 2022年【逆13番】テイエムスパーダ	1着
2022年【正10番】2着	➡ 2023年【正10番】ジャスパークローネ	1着
2023年【正15番】1着 【正7番】2着	➡ **2024年【正逆７番、15番】**	

馬番	枠	父	馬名	母（戦績）	毛色・斤量・性齢	騎手	調教師	賞金	総賞金	馬主	生産者
1	白1	ルーラーシップ（栃）	ヨシノイースター	アースプレイ2勝（中）	黒鹿 56 牡5	富田	栗中尾秀	2400	7637	清水義德	浦ガーベラPS
2	黒2	ベーカバド（中）	タイセイアベニール	ハロードリーム未勝（マ）	鹿 56 牡8	替和田竜	栗西村	3600	18,060	田中成奉	新松本信行
3	赤3	エイシンヒカリ（マ中）	エイシンスポッター	マーゼリン愛（中）	栗 57.5 牡4	角田河	栗吉村	3600	8970	栄進堂	ひ木田牧場
4	青4	ロードカナロア（マ）	サンキューユウガ	マイネアンティーク未勝（短）	青鹿 54 牡7	替松山	栗西村	1500	6662	田畑利彦	ひ今牧場
5	黄5	レッドスパーダ（マ）	テイエムスパーダ	トシザコジーン3勝（短）	芦 55 牝4	替国分恭	栗木原	3550	7980	竹園正繼	浦浦河小林牧場
6	黄5	ディープインパクト（中長）	スマートクラージュ	レジェトウショウ3勝（短）	鹿 57.5 牡6	替岩田望	栗池江寿	3800	10,570	大川徹	日いとう牧場
7	緑6	キンシャサノキセキ（マ）	アビエルト	サイレントセンティネル米（中）	鹿 53 牡6	替永島	栗杉山佳	1500	7231	野嶋祥二	浦富田牧場
8	緑6	ダークエンジェル（短）	外マッドクール	マッドアバウトユー愛（マ）	芦 58.5 牡4	替坂井	栗池添学	3800	8920	サンデーR	アイルランド
9	橙7	ドリームジャーニー（中）	トウラヴェスーラ	ジャジャマーチャン未出（マ）	鹿 58 牡8	替藤岡康	栗高橋康	6300	23,615	吉田照哉	千社台F
10	橙7	フロステッド（マ中）	外ジャスパークローネ	ファンシーキトゥン米（マ）	栗 55 牡4	替団野	栗森秀	2400	6030	加藤和夫	アメリカ
11	桃8	ヴィクトワールピサ（中長）	ディヴィナシオン	フギン4勝（短）	黒鹿 56 牡6	替川田	栗森秀	3250	11,473	一村哲也	日高山牧場
12	桃8	ダイワメジャー（マ中）	サンライズオネスト	サイモンドルチェ未勝（マ）	黒鹿 57 牡6	菱田	栗河内	3600	12,547	松岡隆雄	日ヤナガワ牧場

2023年 CBC賞		
1着⑩ジャスパークローネ	（7番人気）	馬連 23130 円
2着④サンキューユウガ	（8番人気）	3連複 56550 円
3着⑥スマートクラージュ	（4番人気）	3連単 499640 円

注目サイン！

馬名頭文字か末尾「ス」馬か、その隣馬が3着以内
21年は8番人気ファストフォース優勝、単勝1820円

19年	アレスバローズ	自身	2着
20年	ナインテイルズ	隣馬レッドアンシェル	3着
21年	ファストフォース	自身	1着
22年	スナークスター	隣馬タイセイビジョン	2着
23年	スマートクラージュ	自身	3着

※「ズ」も対象。18年から継続中。

幸英明騎手の±98馬が3着以内
20年は13番人気ラブカンプー優勝、単勝9310円！

18年	＋98馬ナガラフラワー	2着
19年	－98馬レッドアンシェル	1着
20年	－98馬ラブカンプー	1着
22年	－98馬アネゴハダ	3着

※17年から継続中。21、23年は同騎手の騎乗ナシ。

和田竜二騎手の±50馬が3着以内
23年は8番人気サンキューユウガ2着、馬連2万馬券！

19年	－50馬レッドアンシェル	1着
20年	－50馬レッドアンシェル	3着
21年	－50馬ピクシーナイト	2着
22年	＋50馬タイセイビジョン	2着
23年	＋50馬サンキューユウガ	2着

馬名頭文字「ア」馬か、その隣馬が3着以内
23年以外は自身が馬券に絡む

17年	アクティブミノル	自身	3着
18年	アレスバローズ	自身	1着
19年	アレスバローズ	自身	2着
20年	アンヴァル	自身	2着
21年	アウィルアウェイ	自身	3着
22年	アネゴハダ	自身	3着
23年	アビエルト	隣馬スマートクラージュ	3着

GII 札幌記念

2024年8月18日　札幌芝2000m（3歳上）

正逆　6番 10番

マーメイドS	札幌記念	
2019年【逆１番】２着	➡ 2020年【正１番】ノームコア	1着
2020年【逆４番】１着	➡ 2021年【正４番】ラヴズオンリーユー	2着
2021年【逆４番】２着	➡ 2022年【正４番】ジャックドール	1着
2022年【逆10番】1着	➡ 2023年【正10番】トップナイフ	2着
2023年【逆10番】1着 【逆６番】２着	➡ **2024年【正逆６番、10番】**	

馬番	枠	馬名	父	母	毛色・斤量・性齢	騎手	厩舎	賞金	総賞金	馬主	生産者
1	白1	ソーヴァリアント	オルフェーヴル	ソーマジック4勝	鹿 58 牡5	ルメール	大竹	6800	14,860	社台ＲＨ	社台Ｆ
2	黒2	ウインマリリン	スクリーンヒーロー	コスモチェーロ1勝	栗 56 牝6	松岡	手塚	24,240	52,445	ウイン	コスモヴューF
3	黒2	ウインマイティー	ゴールドシップ	アオバコリン	芦 56 牝6	和田竜	西園正	4750	14,010	ウイン	コスモヴューF
4	赤3	シャフリヤール	ディープインパクト	ドバイマジェスティ米	黒鹿 58 牡5	横山武	藤原英	40,310	95,045	サンデーR	ノーザンF
5	赤3	ジャックドール	モーリス	ラヴァリーノ米	栗 58 牡5	武豊	藤岡健	20,650	48,370	前原敏行	クラウン日高牧場
6	青4	ダノンベルーガ	ハーツクライ	コーステッド米	鹿 58 牡4	モレイラ	堀	8990	32,186	ダノックス	ノーザンF
7	青4	ヤマニンサルバム	イスラボニータ	ヤマニンエマイユ6勝	黒鹿 58 牡4	吉田隼	中村	2400	7958	土[illegible]肇	[illegible]岡牧場
8	黄5	マテンロウレオ	ハーツクライ	サラトガヴィーナス3勝	黒鹿 58 牡4	横山典	昆	5900	17,130	寺田千代乃	[illegible]野毛牧場
9	黄5	アフリカンゴールド	ステイゴールド	ブリクセン米	栗 58 騸8	国分恭	西園正	6300	17,775	ゴドルフィン	ダーレージャパンF
10	緑6	トップナイフ	デクラレーションオブウォー	ビーウインド未勝	青鹿 55 牡3	横山和	昆	4300	8890	安原浩司	杵臼牧場
11	緑6	ラーグルフ	モーリス	アバンドーネ未勝	黒鹿 58 牡4	戸崎圭	宗像	6000	14,800	村木隆	スマイルF
12	橙7	ヒシイグアス	ハーツクライ	ラリズ亜	黒鹿 58 牡7	浜中	堀	19,530	45,450	阿部雅英	ノーザンF
13	橙7	プログノーシス	ディープインパクト	ヴェルダ英	鹿 58 牡5	川田	中内田	10,400	23,212	社台ＲＨ	社台Ｆ
14	桃8	イズジョーノキセキ	エピファネイア	キングダンサー1勝	鹿 56 牝6	岩田康	中村	5150	22,414	泉一郎	沖田哲夫
15	桃8	(外)ユニコーンライオン	ノーネイネヴァー	ムラフカ愛	黒鹿 58 牡7	国分優	矢作	9600	23,000	ライオンRH	アイルランド

2023年
札幌記念

1着⑬プログノーシス　（2番人気）　馬連 13680円
2着⑩トップナイフ　（9番人気）　3連複 28200円
3着①ソーヴァリアント　（4番人気）　3連単 168930円

注目サイン！

C・ルメール騎手の±99馬が3着以内
23年は9番人気トップナイフ2着、馬連万馬券！

20年　＋99馬ノームコア　1着
21年　－99馬ペルシアンナイト　3着
22年　－99馬パンサラッサ　2着
23年　＋99馬トップナイフ　2着
※18年から継続中。

吉田隼人騎手の±9馬が連対中
22年は2番人気パンサラッサが2着

18年　＋9馬サングレーザー　1着
20年　－9馬ペルシアンナイト　2着
21年　－9馬ラヴズオンリーユー　2着
22年　＋9馬パンサラッサ　2着
23年　－9馬プログノーシス　1着
※19年は同騎手の騎乗ナシ。17年から継続中。

前走GⅠで5着以内馬が3着以内
23年は2番人気プログノーシスが優勝

16年　モーリス　2着（安田記念2着）
17年　ヤマカツエース　3着（大阪杯3着）
18年　マカヒキ　2着（ジャパンC4着）
19年　フィエールマン　3着（天皇賞・春1着）
20年　ノームコア　1着（安田記念4着）
21年　ラヴズオンリーユー　2着（QE2世C1着）
22年　ジャックドール　1着（大阪杯5着）
23年　ブログノーシス　1着（QE世C2着）

横山和生騎手の±51馬が3着以内
23年は4番人気ソーヴァリアント3着、3連単16万馬券！

20年　＋51馬ラッキーライラック　3着
21年　＋51馬ラヴズオンリーユー　2着
22年　＋51馬パンサラッサ　2着
23年　＋51馬ソーヴァリアント　3着

GⅢ 新潟2歳S

2024年8月25日　新潟芝1600m（2歳）

正逆　7番 10番

福島記念		新潟2歳S	
2019年【正９番】２着	➡	2020年【正９番】ブルーシンフォニー	２着
2020年【逆８番】２着	➡	2021年【正８番】アライバル	２着
2021年【逆５番】２着	➡	2022年【逆５番】キタウイング	１着
2022年【正７番】２着	➡	2023年【逆７番】ショウナンマヌエラ	２着
2023年【正７番】２着 【逆10番】2着	➡	**2024年【正逆７番、10番】**	

馬番	枠	馬名	父	母	毛色	斤量	性齢	騎手	調教師	賞金	馬主	生産者
1	白1	ホルトバージ	キンシャサノキセキ(マ)	プレインズウーマン 亜(マ)	鹿	55	牡2	替岩田康	(栗)寺島	400	YGGホースC	(浦)谷川牧場
2	黒2	ヴァンヴィーヴ	ダイワメジャー(マ中)	サンドスラッシュ 愛(地)	栗	55	牡2	Mデムーロ	(栗)牧浦	400	エデンA	(日)下河辺牧場
3	赤3	エンヤラヴフェイス	エイシンヒカリ(マ中)	タイキアプローズ 未出(マ)	黒鹿	55	牡2	菱田	(栗)森田	400	STレーシング	(ひ)チャンピオンズF
4	青4	ルージュスタニング	イントゥミスチーフ(マ)	ボインビューティー 未出(中)	鹿	55	牝2	替菅原明	(栗)友道	400	東京HR	(安)ノーザンF
5	黄5	ルクスノア	オルフェーヴル(社)	サトノアリシア 3勝(中)	鹿	55	牝2	永島	(栗)平田	400	ルクス	(安)ノーザンF
6	黄5	ショウナンマヌエラ	ジャスタウェイ(中)	ダイアゴナルクロス 1勝(中)	黒鹿	55	牝2	替石橋脩	(栗)高野	400	国本哲秀	(ひ)静内フジカワ牧場
7	緑6	ジューンテイク	キズナ(社)	アドマイヤサブリナ 3勝(マ)	黒鹿	55	牡2	替富田	(栗)武英	400	吉川潤	ヒダカF
8	緑6	ニシノクラウン	リーチザクラウン(マ中)	ニシノテンカラット 未勝(地)	青鹿	55	牡2	石川	(美)相沢	400	西山茂行	(ひ)さとう
9	橙7	シリウスコルト	マクフィ(マ)	オールドフレイム 未勝(中)	鹿	55	牡2	替三浦	(美)宗像	400	飯田正剛	(ひ)千代田牧場
10	橙7	ヒヒーン	ジャスタウェイ(中)	イイナヅケ 公(中)	鹿	55	牝2	酒井	(栗)須貝尚	400	大和屋暁	(安)ノーザンF
11	桃8	クリーンエア	リアルインパクト(マ)	シルヴァンソング 米(マ)	青鹿	55	牡2	大野	(美)上原博	400	ゴドルフィン	(日)ダーレー・ジャパンF
12	桃8	アスコリピチェーノ	ダイワメジャー(マ中)	アスコルティ 2勝(地)	黒鹿	55	牝2	替北村宏	(美)黒岩	400	サンデーR	(安)ノーザンF

2023年 新潟2歳S	1着⑫アスコリピチェーノ（1番人気）	馬連 16310円
	2着⑥ショウナンマヌエラ（10番人気）	3連複 27870円
	3着⑪クリーンエア（4番人気）	3連単 181860円

注目サイン！

逆91番が3着以内
23年は10番人気ショウナンマヌエラ2着、馬連万馬券！

17年 逆91番コーディエライト 2着
18年 逆91番アンブロークン 2着
19年 逆91番ウーマンズハート 1着
20年 逆91番ブルーシンフォニー 2着
21年 逆91番オタルエバー 3着
22年 逆91番ウインオーディン 2着
23年 逆91番ショウナンマヌエラ 2着

正逆36番が連対中
23年は1番人気アスコリピチェーノが順当勝ち

18年 逆36番アンブロークン 2着
19年 逆36番ペールエール 2着
20年 逆36番ブルーシンフォニー 2着
21年 逆36番セリフォス 1着
22年 逆36番ウインオーディン 2着
23年 正36番アスコリピチェーノ 1着

大野拓弥騎手の±17馬が3着以内
ここでも大穴馬ショウナンマヌエラ指名

15年 ＋17馬マコトルーメン 3着
17年 ＋17馬テンクウ 3着
18年 ＋17馬アンブロークン 2着
19年 －17馬ウーマンズハート 1着
23年 －17馬ショウナンマヌエラ 2着
※16、20～22年は同騎手の騎乗ナシ。

前走5番人気馬か、その隣馬が3着以内
22年は4番人気キタウイング優勝、単勝810円

20年 ブルーバード 隣馬ショックアクション 1着
21年 オタルエバー 自身 3着
22年 シーウィザード 隣馬キタウイング 1着
23年 ホルトバージ 隣馬アスコリビチェーノ 1着
※18年から継続中。

GⅢ キーンランドC

当たり馬番は連動する!

2024年8月25日　札幌芝1200m（3歳上）

ステイヤーズS	キーンランドC	
2019年【逆3番】2着	➡ 2020年【逆3番】エイティーンガール	1着
2020年【逆5番】1着	➡ 2021年【逆5番】レイハリア	1着
2021年【逆9番】2着	➡ 2022年【逆9番】ヴェントヴォーチェ	1着
2022年【逆3番】2着	➡ 2023年【逆3番】ナムラクレア	1着
2023年【逆10番】1着 【逆6番】2着	➡ **2024年【正逆6番、10番】**	

馬番	枠	馬名	父	母	毛色・斤量・性齢	騎手	調教師	賞金	総賞金	馬主	生産者
16	桃8	シュバルツカイザー	ダークエンジェル	ファッショナブル英	芦 57 騸5	替モレイラ	大竹	3600	8960	ゴドルフィン	アイルランド
15	桃8	サトノアイ	ハーツクライ	キャッチザカクテル英	青鹿 55 牝5	替佐々木	須貝尚	2400	5991	里見治	三嶋牧場
14	橙7	ナムラクレア	ミッキーアイル	サンクイーンⅡ米	青鹿 55 牝4	浜中	長谷川	11,350	29,830	奈村睦弘	谷川牧場
13	橙7	レイハリア	ロードカナロア	ライトリーチューン未勝	鹿 55 牝5	亀田	田島俊	4850	10,448	ヒダカBU	谷岡牧場
12	緑6	トウシンマカオ	ビッグアーサー	ユキノマーメイド4勝	栗 57 牡4	鮫島駿	高柳瑞	5800	13,470	サトー	服部牧場
11	緑6	ヴァトレニ	グラスワンダー	チアフルスマイル8勝	鹿 57 騸5	替横山和	長谷川	4800	11,255	野田政義	フジワラF
10	黄5	ゾンニッヒ	ラブリーデイ	エンドレスノット4勝	鹿 57 牡5	武豊	池江寿	3600	11,310	金子真人HD	坂東牧場
9	黄5	ジュビリーヘッド	ロードカナロア	ローズノーブル4勝	鹿 57 牡6	西村淳	安田隆	5200	15,400	キャロットF	ノーザンF
8	青4	シナモンスティック	ジョーカプチーノ	マイネデセール2勝	芦 55 牝4	松岡	宗像	3600	8611	ブルースターズF	ビッグレッドF
7	青4	カイザーメランジェ	サクラオリオン	サクラジュレップ未勝	鹿 57 牡8	江田照	中野栄	4350	12,869	イフENT	谷岡S
6	赤3	タイセイアベニール	ベーカバド	ハロードリーム未勝	鹿 57 牡8	替モリス	西村	3600	18,470	田中成奉	松本信行
5	赤3	ウインマーベル	アイルハヴアナザー	コスモマーベラス7勝	栗 57 牡4	松山	深山	9650	20,192	ウイン	コスモヴューF
4	黒2	キミワクイーン	ロードカナロア	チェリーベトルズ2勝	鹿 55 牝4	横山武	奥村武	4450	10,720	滝邊輝實	追分F
3	黒2	レッドベルオーブ	ディープインパクト	レッドファンタジア未勝	青鹿 57 牡5	松田	藤原英	3500	9830	東京HR	ノーザンF
2	白1	ナランフレグ	ゴールドアリュール	ケリーズビューティ公	栗 58 牡7	丸田	宗像	12,950	39,354	村木克成	坂戸節子
1	白1	ウォーターナビレラ	シルバーステート	シャイニングサヤカ公	青鹿 55 牝4	替リスポリ	武幸	5100	11,930	山岡正人	伏木田牧場

2023年キーンランドC			
1着⑭ナムラクレア	（1番人気）	馬連 3590円	
2着⑧シナモンスティック	（8番人気）	3連複 6150円	
3着⑫トウシンマカオ	（2番人気）	3連単 30280円	

注目サイン！

当年芝1200mオープン勝ち馬が連対中
23年は1番人気ナムラクレアが順当勝ち

18年	ナックビーナス	1着	（カーバンクルS1着）
19年	ダノンスマッシュ	1着	（シルクロードS1着）
20年	ライトオンキュー	2着	（UHB賞1着）
21年	レイハリア	1着	（葵S1着）
22年	ヴェントヴォーチェ	1着	（春雷S1着）
23年	ナムラクレア	1着	（シルクロードS1着）

正逆5番が3着以内
23年は2番人気トウシンマカオが3着

20年	逆5番ライトオンキュー	2着
21年	逆5番レイハリア	1着
22年	正5番ウインマーベル	2着
23年	逆5番トウシンマカオ	3着

横山武史騎手の±2枠が連対中
23年は8番人気シナモンスティック2着、馬連3590円

20年	−2枠エイティーンガール	1着
21年	＋2枠エイティーンガール	2着
22年	＋2枠ウインマーベル	2着
23年	＋2枠シナモンスティック	2着

2番人気馬か、その隣馬が3着以内
22年は2番人気ウインマーベルが2着

17年	ソルヴェイグ	自身	2着
18年	レッツゴードンキ	隣馬ダノンスマッシュ	2着
19年	タワーオブロンドン	自身	2着
20年	ライトオンキュー	自身	2着
21年	ミッキーブリランテ	隣馬レイハリア	1着
22年	ウインマーベル	自身	2着
23年	トウシンマカオ	自身	3着

GIII 札幌２歳Ｓ

2024年８月31日　札幌芝1800m（２歳）

正逆

アンタレスＳ	札幌２歳Ｓ
2019年【逆８番】１着	➡ 2020年【逆８番】ユーバーレーベン　２着
2020年【逆９番】１着	➡ 2021年【正９番】ジオグリフ　１着
2021年【逆13番】１着	➡ 2022年【正13番】ドゥアイズ　２着
2022年【逆４番】２着	➡ 2023年【正４番】セットアップ　１着
2023年【逆４番】１着 【逆７番】２着	➡ **2024年【正逆４番、７番】**

10 桃8	9	8 橙7	7	緑6	黄5	青4	赤3	黒2	白1
ルーラーシップ(輸)	ドゥラメンテ(輸)	スワーヴリチャード(輸)	キズナ(輸)	キタサンブラック(輸)	リアルインパクト(マ)	デクラレーションオブウォー(中)	ノヴェリスト(輸)	スクリーンヒーロー(長)	ダンカーク(中)
ロジルーラー	ガイアメンテ	パワーホール	ギャンブルルーム	ウールデュボヌール	トレミニョン	セットアップ	マーゴットソラーレ	地カイコウ	グランルーチェ
シェリール4勝(中)	ミュージカルロマンス米(マ)	ストロベリーズ1勝(短)	シャンデリアハウス4勝(中)	サンクボヌール2勝(中)	トレラピッド愛(輸)	スリーアロー3勝(中)	インクレセント2勝(マ)	トウカイクルーク1勝(マ)	グランシエリー2勝(短)
黒鹿 55 牡2	栗 55 牡2	青鹿 55 牡2	青鹿 55 牡2	鹿 55 牡2	鹿 55 牝2	青鹿 55 牡2	栗 55 牡2	黒鹿 55 騸2	鹿 55 牡2
替菅原明	武　豊	替横山典	松　山	替ルメール	西村淳	横山武	替佐々木	落合玄	浜　中
美稲　垣	栗須貝尚	栗　昆	栗大久保龍	栗須貝尚	美和田勇	美鹿戸雄	美伊　坂	(北海) 田中正	栗庄　野
400	400	400	400	400	400	400	400	120	400
久米田正明	サンデーR	NICKS	サンデーR	G1レーシング	社台ＲＨ	島田賢	前田良平	二風谷Ｆ	間宮秀直
安ノーザンF	安ノーザンF	日平野牧場	安ノーザンF	白白老Ｆ	千社台Ｆ	日フジワラF	白白老Ｆ	平二風谷F	カナイシS

2023年 札幌２歳Ｓ	1着④セットアップ	（3番人気）	馬連 2060円
	2着⑧パワーホール	（4番人気）	3連複 2370円
	3着⑦ギャンブルルーム	（2番人気）	3連単 16700円

注目サイン！

C・ルメール騎手の隣枠が3着以内
23年は4番人気パワーホール2着、馬連2060円

19年　＋1枠サトノゴールド　2着
20年　＋1枠バスラットレオン　3着
21年　－1枠アスクワイルドモア　2着
22年　－1枠ドゥーラ　1着
23年　＋1枠パワーホール　2着
※15年から継続中。

武豊騎手のマイナス方向のカウントアップ
24年騎乗したら−53馬が馬券圏内？

19年　－48馬サトノゴールド　2着
20年　－49馬ユーバーレーベン　2着
21年　－50馬アスクワイルドモア　2着
22年　－51馬ドゥアイズ　2着
23年　－52馬ギャンブルルーム　3着
※16年から継続中。

馬名頭文字か末尾「ト」馬か、その隣馬が3着以内
20年は2番人気ソダシが優勝、白毛伝説の幕開け

18年　エメラルファイト　隣馬ニシノデイジー　1着
19年　サトノゴールド　自身　2着
20年　アオイゴールド　隣馬ソダシ　1着
21年　トーセンヴァンノ　自身　3着
22年　ドゥーラ　自身　1着
23年　トレミニョン　隣馬セットアップ　1着
※「ド」も対象。15年から継続中。

前走1番人気馬が3着以内
23年は3番人気セットアップが逃げ切り

20年　バスラットレオン　3着
21年　アスクワイルドモア　2着
22年　ダイヤモンドハンズ　3着
23年　セットアップ　1着
※16年から継続中。

GIII 新潟記念

2024年9月1日　新潟芝2000m（3歳上）

当たり馬番は連動する！

ジャパンC		新潟記念
2019年【正５番】1着	➡	2020年【正５番】ジナンボー　2着
2020年【正２番】1着	➡	2021年【逆２番】マイネルファンロン　1着
2021年【正２番】1着	➡	2022年【逆２番】ユーキャンスマイル　2着
2022年【正６番】1着	➡	2023年【逆６番】ユーキャンスマイル　2着
2023年【正２番】1着 【正１番】2着	➡	**2024年【正逆１番、２番】**

馬番	枠	父	馬名	母	斤量・性齢	騎手	調教師	賞金	総賞金	馬主	生産者
14	桃8	スクリーンヒーロー	マイネルウィルトス	マイネボヌール 4勝	57 牡7	Mデムーロ	宮	6950	20,835	ラフィアン	ビッグレッドF
13	桃8	ディープインパクト	プラダリア	シャッセロール 3勝	57 牡4	池添	池添学	3100	11,940	名古屋友豊	オリエント牧場
12	橙7	スズカフェニックス	イーサンパンサー	レアシルウィア	52 牡7	小林美	中野栄	2400	8100	国本勇	東栄牧場
11	橙7	ヴァンセンヌ	バラジ	シーグーアラジ 未勝	56 牡4	三浦	鹿戸雄	2400	7096	岡田牧雄	増本牧場
10	緑6	ヴァンセンヌ	ファユエン	サクラバビルス 未勝	53 牝5	木幡巧	勢司	2400	5712	谷岡毅	谷岡S
9	緑6	キングカメハメハ	ユーキャンスマイル	ムードインディゴ 3勝	58 牡8	石橋脩	友道	11,150	37,370	金子真人HD	ノーザンF
8	黄5	キズナ	インプレス	ベアトリスII	56 牡4	菅原明	佐々木晶	2400	5561	前田幸治	社台F
7	黄5	キズナ	フラーズダルム	クーデグレイス 4勝	53 牝5	松岡	松永昌	2400	8245	吉田勝己	ノーザンF
6	青4	キングカメハメハ	ブラヴァス	ヴィルシーナ 5勝	57 牡7	内田博	友道	6050	14,650	佐々木主浩	ノーザンF
5	青4	オルフェーヴル	イクスプロージョン	ファシネイション 未勝	57 牡5	戸崎圭	杉山晴	3600	10,477	近藤英子	ノーザンF
4	赤3	ディープインパクト	サトノルークス	リッスン	55 牡7	永野	池江寿	5600	10,500	里見治	ノーザンF
3	赤3	モーリス	ノッキングポイント	チェッキーノ 3勝	54 牡3	北村宏	木村	1700	6580	サンデーR	ノーザンF
2	黒2	キングカメハメハ	グランオフィシエ	マーブルカテドラル 3勝	57 牡5	菱田	久保田	3800	10,244	社台RH	社台F
1	白1	ディープインパクト	サリエラ	サロミナ	55.5 牝4	ルメール	国枝	3350	7770	シルクR	ノーザンF

2023年
新潟記念

1着③ノッキングポイント	（2番人気）	馬連 6240円
2着⑨ユーキャンスマイル	（7番人気）	3連複 61230円
3着⑧インプレス	（10番人気）	3連単 221290円

注目サイン！

正17番が連対中
22年は9番人気ユーキャンスマイル2着、馬連2万馬券！

20年	正17番ブラヴァス	1着
21年	正17番トーセンスーリヤ	2着
22年	正17番ユーキャンスマイル	2着
23年	正17番ノッキングポイント	1着

馬名末尾が「ル」馬か、その隣馬が連対中
21年は12番人気マイネルファンロン優勝、単勝4280円！

18年	メートルダール	自身	2着
19年	ユーキャンスマイル	自身	1着
20年	サトノクロニクル	隣馬ブラヴァス	1着
21年	プレシャスブルー	隣馬マイネルファンロン	1着
22年	ユーキャンスマイル	自身	2着
23年	ユーキャンスマイル	自身	2着

※「ルー」も対象。15年から継続中。

三浦皇成騎手の±59馬が3着以内
23年は10番人気インプレス3着、3連単22万馬券！

19年	－59馬ジナンボー	2着
20年	－59馬ジナンボー	2着
21年	＋59馬トーセンスーリヤ	2着
22年	＋59馬カラテ	1着
23年	－59馬インプレス	3着

内田博幸騎手の±58馬が3着以内
今のところアタマはナシの傾向

17年	＋58馬アストラエンブレム	2着
18年	＋58馬メートルダール	2着
19年	－58馬カデナ	3着
22年	－58馬ユーキャンスマイル	2着
23年	＋58馬インプレス	3着

※20、21年は同騎手の騎乗ナシ。他に「内田博幸騎手の隣枠が連対中」も継続中。

GIII 小倉2歳S

2024年9月1日　中京芝1200m（2歳）

正逆 2番3番

サウジアラビアRC		小倉2歳S	
2019年【正３番】1着	➡	2020年【逆３番】メイケイエール	1着
2020年【正９番】1着	➡	2021年【正９番】ナムラクレア	1着
2021年【正３番】2着	➡	2022年【逆３番】バレリーナ	2着
2022年【正１番】2着	➡	2023年【逆１番】アスクワンタイム	1着
2023年【正２番】1着 【正３番】2着	➡	**2024年【正逆２番、３番】**	

枠	馬番	父	馬名	母（成績）	毛色・斤量・性齢	騎手	厩舎	賞金	馬主	生産者
白1	1	リアルインパクト（マ）	テイエムチュララン	テイエムチュラサン 3勝（短）	鹿 55 牝2	太宰	栗 畑端	900	竹園正繼	鹿 テイエム牧場
黒2	2	サトノアラジン（マ中）	フォルテローザ	ヒップホップスワン 3勝（短）	黒鹿 55 牝2	団野	栗 斉藤崇	0	ホシノR	安 ノーザンF
赤3	3	ヴィクトワールピサ（中長）	セイウンデセオ	ラソ 1勝（短）	鹿 55 牝2	今村	栗 吉村	400	西山茂行	ひ タツヤF
青4	4	スワーヴリチャード（中長）	ドナヴィーナス	スパイチャクラ 3勝（短）	鹿 55 牝2	川島	栗 庄野	400	山田貢一	浦 鮫川啓一
黄5	5	バゴ（中長）	キャンシーエンゼル	ヴォルドニュイ 未勝（中）	青鹿 55 牝2	替 松山	栗 鈴木孝	400	ノースヒルズ	新 ノースヒルズ
緑6	6	イフラージ（短）	外 パッシングシャワー	レインスウェプト 英（中）	栗 55 牡2	西村淳	栗 安田翔	400	ゴドルフィン	イギリス
橙7	7	ビッグアーサー（短）	ビッグドリーム	アンナペレンナ 3勝（中）	鹿 55 牡2	幸	栗 西園正	400	中辻明	浦 パンプー牧場
橙7	8	ウォーフロント（短）	外 メイプルギャング	クリムゾンメイプル 米（マ）	鹿 55 牡2	角田河	栗 中竹	400	加藤誠	アメリカ
桃8	9	モーリス（マ中）	ミルテンベルク	ペルレンケッテ 4勝（マ）	鹿 55 牡2	藤岡康	栗 武英	400	キャロットF	安 ノーザンF
桃8	10	ロードカナロア（マ）	アスクワンタイム	ディープインアスク 未勝（短）	鹿 55 牡2	岩田望	栗 梅田智	400	廣崎利洋	平 ASK STUD

2023年 小倉2歳S			
	1着⑩アスクワンタイム	（5番人気）	馬連 1460円
	2着⑨ミルテンベルグ	（2番人気）	3連複 3000円
	3着⑤キャンシーエンゼル	（4番人気）	3連単 17530円

注目サイン！

正逆52番が連対中
19年は正逆ワンツー、馬連1310円

19 年　正 52 番マイネルグリット　1着
　　　逆 52 番トリプルエース　2着
20 年　逆 52 番モントライゼ　2着
21 年　逆 52 番ナムラクレア　1着
22 年　逆 52 番ロンドンプラン　1着
23 年　逆 52 番ミルテンベルク　2着

幸英明騎手の隣枠が連対中
23年は5番人気アスクワンタイム優勝、単勝710円

19 年　−1枠マイネルグリット　1着
20 年　−1枠モントライゼ　2着
21 年　−1枠スリーパーダ　2着
23 年　＋1枠アスクワンタイム　1着
※ 17 年から継続中。22 年は同騎手の騎乗ナシ。

藤岡康太騎手の±41馬が連対中
21年は4番人気ナムラクレア優勝、単勝640円

10 年　＋ 41 馬シゲルキョクチョウ　2着
13 年　＋ 41 馬ホウライアキコ　1着
16 年　− 41 馬レーヌミノル　1着
21 年　＋ 41 馬ナムラクレア　1着
23 年　＋ 41 馬アスクワンタイム　1着
※ 11、12、14、15、17 〜 20、22 年は同騎手の騎乗ナシ。

武豊騎手の±44馬が3着以内
22年は11番人気シルフィードレーヴ3着、3連単37万馬券！

18 年　＋ 44 馬ミヤジシルフィード　3着
19 年　＋ 44 馬トリプルエース　2着
20 年　＋ 44 馬フォドラ　3着
21 年　＋ 44 馬ナムラクレア　1着
22 年　− 44 馬シルフィードレーヴ　3着
※ 23 年は同騎手の騎乗ナシ。

GII 紫苑S

2024年9月7日　中山芝2000m（3歳牝馬）

正逆　2番 13番

オールカマー	紫苑S	
2019年【正1番】2着 ➡	2020年【逆1番】パラスアテナ	2着
2020年【正8番】2着 ➡	2021年【逆8番】ファインルージュ	1着
2021年【正2番】2着 ➡	2022年【逆2番】サウンドビバーチェ	2着
2022年【正2番】1着 ➡	2023年【正2番】モリアーナ	1着
2023年【正13番】1着 【正2番】2着 ➡	**2024年【正逆2番、13番】**	

馬番	枠	父	馬名	母（成績）	斤量・性齢	騎手	調教師	賞金	総賞金	馬主	生産者
1	白1	ハーツクライ	ミタマ	モナリザ（英）	54牝3	松若	上村	900	2026	ニッシンHD	チャンピオンズF
2	白1	エピファネイア	モリアーナ	ガルデルスリール2勝	54牝3	横山典	武藤	1000	4040	高橋文男	ノーザンF
3	黒2	キタサンブラック	ヒップホップソウル	ダンスファンタジア3勝	54牝3	横山武	木村	1150	2610	社台RH	社台F
4	黒2	レインボーライン	(地)ワイズゴールド	キタサンテンニョ1勝	54牝3	笹川翼	(大井)市村誠	890	2123	馬目卓	[illegible]
5	赤3	ハービンジャー	キミノナハマリア	シャドウマリア1勝	54牝3	ルメール	千田	900	2890	浦野和由	社台F
6	赤3	ブラックタイド	フィールザオーラ	フィールザレース	54牝3	三浦	武井	900	1990	フィールドR	ノーザンF
7	青4	ダノンバラード	ミシシッピテソーロ	ハピネスフォーユー1勝	54牝3	石川	畠山吉	1600	5195	了徳寺健二HD	リョーケンF
8	青4	サトノクラウン	ニシノコウフク	ニシノマメフク未勝	54牝3	永野	伊藤大	400	1503	西山茂行	[illegible]
9	黄5	キズナ	フルール	レリカリオ未勝	54牝3	石橋脩	上原佑	900	1795	ノースヒルズ	ノースヒルズ
10	黄5	スクリーンヒーロー	ソレイユヴィータ	スターベスミツコ1勝	54牝3	西村淳	杉山晴	1500	3390	杉山忠国	鎌田正嗣
11	緑6	サトノダイヤモンド	マーゴットミニモ	フクシア未勝	54牝3	吉田豊	伊坂	400	1380	前田良平	上山牧場
12	緑6	ダノンバラード	アマイ	イオ1勝	54牝3	佐々木	伊藤大	900	2203	ミルF	猿橋義昭
13	橙7	デクラレーションオブウォー	シランケド	フェアブルーム未勝	54牝3	国分恭	牧浦	400	750	ニッシンHD	下河辺TC
14	橙7	キズナ	グランベルナデット	ラブリーベルナデット（米）	54牝3	松山	大竹	1600	2890	DMMドリームC	社台F
15	桃8	ハービンジャー	エミュー	スーリール1勝	54牝3	Mデムーロ	和田郎	2750	5452	前田幸治	ノースヒルズ
16	桃8	モーリス	アップトゥミー	ムードインディゴ3勝	54牝3	田辺	国枝	900	2000	金子真人HD	ノーザンF
17	桃8	ダイワメジャー	ダルエスサラーム	ザズー（米）	54牝3	坂井	高野	1600	3110	サンデーR	ノーザンF

2023年 紫苑S			
	1着②モリアーナ	（4番人気）	馬連 1190円
	2着③ヒップホップソウル	（2番人気）	3連複 20410円
	3着⑬シランケド	（9番人気）	3連単 87550円

注目サイン！

正逆36番が連対中
23年は4番人気モリアーナ優勝、単勝660円

19 年　正 36 番フェアリーポルカ　　2着
20 年　正 36 番パラスアテナ　　2着
21 年　逆 36 番スルーセブンシーズ　2着
22 年　正 36 番スタニングローズ　　1着
23 年　正 36 番モリアーナ　　1着

2番人気馬か、その隣馬が連対中
20年は10番人気パラスアテナ2着、馬連万馬券！

15 年	ゴールデンハープ	隣馬ホワイトエレガンス	2着
16 年	パールコード	隣馬ヴィブラス	2着
17 年	ルヴォワール	隣馬ディアドラ	1着
18 年	ノームコア	自身	1着
19 年	パッシングスルー	自身	1着
20 年	ウインマイティー	隣馬パラスアテナ	2着
21 年	ファインルージュ	自身	1着
22 年	サウンドビバーチェ	自身	2着
23 年	ヒップポップソウル	自身	2着

横山武史騎手の隣馬が連対中
22年は1番人気スタニングローズが順当勝ち

20 年　＋1馬マルターズディオサ　1着
21 年　＋1馬スルーセブンシーズ　2着
22 年　＋1馬スタニングローズ　1着
23 年　－1馬モリアーナ　1着

石川裕紀人騎手の－4馬が連対中
21年は2番人気ファインルージュが優勝

18 年　－4馬マウレア　2着
21 年　－4馬ファインルージュ　1着
22 年　－4馬サウンドビバーチェ　2着
23 年　－4馬ヒップホップソウル　2着
※ 19、20 年は同騎手の騎乗ナシ。

GIII 京成杯オータムH

2024年9月8日　中山芝1600m（3歳上）

正逆

セントウルS	京成杯オータムH
2019年【逆7番】1着	➡ 2020年【逆7番】トロワゼトワル　1着
2020年【逆2番】1着	➡ 2021年【正2番】カテドラル　2着
2021年【逆3番】2着	➡ 2022年【逆3番】ミッキーブリランテ　2着
2022年【逆2番】2着	➡ 2023年【正2番】ソウルラッシュ　1着
2023年【逆5番】1着 【逆8番】1着	➡ **2024年【正逆5番、8番】**

11 桃8	10	9 橙7	8	7 緑6	6	黄5	青4	赤3	黒2	白1
サトノクラウン(輸)	スクリーンヒーロー(芝)	ディープインパクト(輸)	ダイワメジャー(7中)	ダノンバラード(中)	ベルシャザール(中)	リオンディーズ(7中)	ワールドエース(7中)	キングズベスト(マ)	ルーラーシップ(輸)	ディープブリランテ(中)
トーセンローリエ	ウイングレイテスト	ラインベック	アスクコンナモンダ	グラニット	シャイニーロック	インダストリア	メイショウシンタケ	ミスニューヨーク	ソウルラッシュ	ミッキーブリランテ
トーセンナチュラル1勝(中)	グレートキャティ2勝(中)	アババネ7勝(中)	アンナモンダ独(マ)	インティワタナ1勝(マ)	ノードラメール未勝(短)	インダクティ2勝(中)	アドマイヤビアン1勝(中)	マンハッタンミート1勝(中)	エターナルブーケ未勝(中)	エピックラヴ愛(中)
黒鹿 52 牝3	栗 57 牡6	黒鹿 57 騸6	栗 56 牡4	鹿 51 牡3	鹿 57 牡7	鹿 58 牡4	鹿 57 牡5	青鹿 56 牝6	黒鹿 59 牡5	鹿 57 牡7
替 菅原明	松岡	石橋脩	替 西村淳	嶋田	酒井	ルメール	浜中	Mデムーロ	松山	替 津村
美 小笠	美 畠山吉	栗 友道	栗 中内田	美 大和田	栗 佐々木晶	美 宮田	栗 千田	栗 杉山晴	栗 池江寿	栗 矢作
2100	3450	3900	2400	1000	3800	4550	3800	6100	6550	5400
4080	15,084	14,650	5447	2810	13,279	10,570	8851	18,177	17,560	17,680
島川隆哉	ウイン	金子真人HD	廣崎利洋HD	ミルF	小林昌志	サンデーR	松本好雄	高昭牧場	石川達絵	野田みづき
日 エスティF	新 コスモヴューF	安 ノーザンF	千 社台F	浦 猿橋義昭	平 川向高橋育成	安 ノーザンF	浦 辻牧場	浦 高昭牧場	日 下河辺牧場	安 ノーザンF

2023年 京成杯 オータムH			
	1着②ソウルラッシュ	（2番人気）	馬連 2260円
	2着⑩ウイングレイテスト	（5番人気）	3連複 9260円
	3着③ミスニューヨーク	（8番人気）	3連単 33920円

2024年9月8日

京成杯オータムH

注目サイン！

正逆2番が3着以内
23年は2番人気ソウルラッシュが優勝

18年　逆2番ワントゥワン　2着
19年　正2番ジャンダルム　3着
20年　正2番ボンセルヴィーソ　3着
21年　正2番カテドラル　1着
22年　逆2番クリノプレミアム　3着
23年　正2番ソウルラッシュ　1着

馬名頭文字か末尾「ク」馬か、その隣馬が3着以内
22年は7番人気クリノプレミアム3着、3連単23万馬券！

18年　ベステンダンク　隣馬ワントゥワン　2着
19年　グルーヴィット　隣馬トロワゼトワル　1着
21年　コントラチェック　自身　2着
22年　クリノプレミアム　自身　3着
23年　ミスニューヨーク　自身　3着
※「グ」も対象。16年から継続中。20年は該当馬の出走ナシ。

C・ルメール騎手の±19馬が3着以内
20年は13番人気ボンセルヴィーソ3着、3連単8万馬券！

15年　＋19馬ヤングマンパワー　3着
18年　＋19馬ワントゥワン　2着
20年　－19馬ボンセルヴィーソ　3着
23年　＋19馬ソウルラッシュ　1着
※16、17、19、21、22年は同騎手の騎乗ナシ。

石橋脩騎手の隣枠が3着以内
23年は5番人気ウイングレイテスト2着、馬連2260円

15年　＋1枠ヤングマンパワー　3着
18年　＋1枠ミッキーグローリー　1着
19年　＋1枠トロワゼトワル　1着
20年　－1枠スマイルカナ　2着
23年　＋1枠ウイングレイテスト　2着
※16、17、21、22年は同騎手の騎乗ナシ。

GII セントウルS

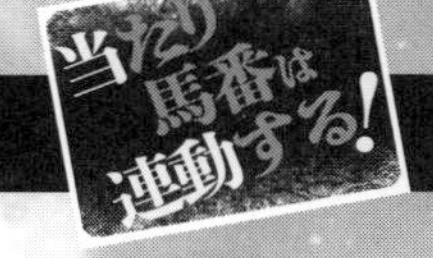

2024年9月8日　中京芝1200m（3歳上）

正逆　6番 10番

ステイヤーズS	セントウルS	
2019年【逆3番】2着	➡ 2020年【正3番】メイショウグロッケ	2着
2020年【逆3番】2着	➡ 2021年【逆3番】ピクシーナイト	2着
2021年【逆9番】2着	➡ 2022年【逆9番】メイケイエール	1着
2022年【逆8番】1着	➡ 2023年【正8番】アグリ	2着
2023年【逆10番】1着 【逆6番】2着	➡ **2024年【正逆6番、10番】**	

馬番	枠	父	馬名	母（成績）	毛色・斤量・性齢	騎手	調教師	賞金	総賞金	馬主	生産者
1	白1	グレーターロンドン	ロンドンプラン	パッションローズ4勝	鹿 55 牡3	吉田隼	宮本	2000	3800	下河辺隆行	下河辺牧場
2	黒2	グラスワンダー	ヴァトレニ	チアフルスマイル8勝	鹿 57 騸5	藤岡佑	長谷川	4800	11,685	野田政義	フジワラF
3	黒2	キズナ	レジェーロ	ロックフェアレディ	黒鹿 55 牝6	藤岡康	西村	2850	8140	山本剛士	新冠橋本牧場
4	赤3	ルーラーシップ	ドルチェモア	アユサン2勝	鹿 55 牡3	池添	須貝尚	5500	11,000	スリーエイチR	下河辺牧場
5	赤3	モアザンレディ	(外)ジャングロ	グッバイストレンジャー米	黒鹿 57 牡4	武豊	森秀	4900	10,090	藤田晋	アメリカ
6	青4	ビッグアーサー	ビッグシーザー	アンナベレンナ3勝	芦 55 牡3	幸	西園正	2800	7110	幅田昌伸	バンブー牧場
7	青4	エイシンヒカリ	エイシンスポッター	マーゼリン愛	栗 57 牡4	角田河	吉村	3600	8970	栄進堂	[illegible]田牧場
8	黄5	カラヴァッジオ	アグリ	オールドタイムワルツ米	青鹿 57 牡4	横山典	安田隆	4550	10,436	三木正浩	ノーザンF
9	黄5	ロードカナロア	ボンボヤージ	ディープインアスク未勝	栗 55 牝6	川須	梅田智	4450	9963	廣崎利洋	ASK STUD
10	緑6	モーリス	ピクシーナイト	ピクシーホロウ3勝	鹿 58 牡5	戸崎圭	音無	10,800	22,320	シルクR	ノーザンF
11	緑6	レッドスパーダ	テイエムスパーダ	トシザコジーン3勝	芦 55 牝4	富田	木原	3550	7980	竹園正繼	浦河小林牧場
12	橙7	ビッグアーサー	ブトンドール	プリンセスロック3勝	鹿 53 牝3	菱田	池添学	2600	5410	雅苑興業	ノーザンF
13	橙7	ヴィクトワールピサ	ディヴィナシオン	フギン4勝	黒鹿 57 牡6	団野	森秀	3250	11,473	一村哲也	高山牧場
14	桃8	ディープインパクト	スマートクラージュ	レジェトウショウ3勝	鹿 57 牡6	岩田望	池江寿	3800	11,570	大川徹	いとう牧場
15	桃8	モーリス	モリノドリーム	グロリエッテ未勝	鹿 55 牝4	鮫島駿	鹿戸雄	2400	5609	森和久	森永牧場

2023年 セントウルS			
1着⑪テイエムスパーダ	（14番人気）	馬連 34820円
2着⑧アグリ	（2番人気）	3連複 93130円
3着⑭スマートクラージュ	（5番人気）	3連単 978840円

注目サイン！

武豊騎手の－24馬が3着以内
23年は14番人気テイエムスパーダが仰天の逃げ切り！

18年	－24馬グレイトチャーター	3着
19年	－24馬イベリス	3着
20年	－24馬メイショウグロッケ	2着
21年	－24馬クリノガウディー	3着
23年	－24馬テイエムスパーダ	1着

※22年は同騎手の騎乗ナシ。

正逆20番が3着以内
ここでもビックリ、大穴馬テイエムスパーダ指名

19年	正逆20番タワーオブロンドン	1着
20年	正20番メイショウグロッケ	2着
21年	逆20番ピクシーナイト	2着
22年	正20番サンライズオネスト	3着
23年	逆20番テイエムスパーダ	1着

池添謙一騎手の±97馬が3着以内
さらにこれでもか！　テイエムは単勝万馬券!!

15年	＋97馬アクティブミノル	1着
17年	－97馬ラインミーティア	2着
20年	－97馬ミスターメロディ	3着
22年	－97馬ファストフォース	2着
23年	＋97馬テイエムスパーダ	1着

※16、21年は同騎手の騎乗ナシ。他に「藤岡佑介騎手の±12馬が3着以内」も継続中。

前走2番人気馬か、その隣馬が3着以内
ついに指名4連発！超売れっ子だったテイエム

19年	タワーオブロンドン	自身	1着
20年	タイセイアベニール	隣馬ミスターメロディ	3着
21年	ピクシーナイト	自身	2着
22年	サンライズオネスト	自身	3着
23年	ブトンドール	隣馬テイエムスパーダ	1着

GII ローズS

2024年9月15日　中京芝2000m（3歳牝馬）

正逆　7番 15番

みやこS		ローズS	
2019年【正1番】1着	➡	2020年【正1番】リアアメリア	1着
2020年【正7番】2着	➡	2021年【逆7番】アンドヴァラナウト	1着
2021年【正6番】2着	➡	2022年【正6番】サリエラ	2着
2022年【正12番】2着	➡	2023年【正12番】マスクトディーヴァ	1着
2023年【正15番】1着 【正7番】2着	➡	**2024年【正逆7番、15番】**	

馬番	枠	父	馬名	母	斤量・性齢	騎手	調教師	賞金	総賞金	馬主	生産者
17	桃8	ダイワメジャー	セーヌドゥレーヴ	シュヴァリエ3勝	54 牝3	松山	吉岡	900	2315	ノルマンディーTR	岡田S
16	桃8	キズナ	トリオンファルマン	ラトナプラ未勝	54 牝3	池添	笹田	400	730	ノースヒルズ	ノースヒルズ
15	橙7	エピファネイア	ブライトジュエリー	エアパスカル2勝	54 牝3	鮫島駿	樋口	900	2960	西村清子	静内F
14	橙7	キズナ	コンクシェル	ザナ未勝	54 牝3	モレイラ	清水久	1500	4893	前田晋二	ノースヒルズ
13	緑6	イスラボニータ	リサリサ	サトノローズヒップ未勝	54 牝3	浜中	田村	1500	4390	山藤賢	村上勝治
12	緑6	ルーラーシップ	マスクトディーヴァ	マスクオフ1勝	54 牝3	岩田望	辻野	900	1420	社台RH	社台F
11	黄5	キタサンブラック	ココナッツブラウン	ルアーズストリート3勝	54 牝3	横山武	上村	900	1920	下河辺隆行	下河辺牧場
10	黄5	ジャスタウェイ	マラキナイア	カウアイレーン5勝	54 牝3	川田	吉岡	900	2390	社台RH	社台F
9	青4	リアルスティール	アンリーロード	カシシ未勝	54 牝3	吉田隼	茶木	900	1870	三木正浩	ノーザンF
8	青4	グレーターロンドン	ユリーシャ	アンジェリカス未勝	54 牝3	菱田	中村	1600	2903	竹下[illegible]	[illegible]
7	赤3	キタサンブラック	ラヴェル	サンブルエミューズ3勝	54 牝3	坂井	矢作	2000	5900	キャロットF	ノーザンF
6	赤3	ドゥラメンテ	ラファドゥラ	ラファダリ3勝	54 牝3	木幡巧	小島茂	900	2290	丸山担	ノーザンF
5	黒2	ロードカナロア	ブレイディヴェーグ	インナーアージ4勝	54 牝3	ルメール	宮田	900	1630	サンデーR	ノーザンF
4	黒2	キズナ	アリスヴェリテ	ルミエールヴェリテ未勝	54 牝3	藤岡康	中竹	400	4320	加藤誠	ノースヒルズ
3	白1	キズナ	レミージュ	バイコースタル未	54 牝3	和田竜	松永幹	900	1950	ノースヒルズ	ノースヒルズ
2	白1	ハーツクライ	ソーダズリング	ソーマジック4勝	54 牝3	武豊	音無	1450	2870	社台RH	社台F
1	白1	スピルバーグ	フォーチュンコード	シークレットコード1勝	54 牝3	秋山真	小林	900	1570	吉田千津	社台F

2023年ローズS			
1着⑫マスクトディーヴァ	（7番人気）	馬連 2150円
2着⑤ブレイディヴェーグ	（1番人気）	3連複 8450円
3着⑩マラキナイア	（5番人気）	3連単 67000円

注目サイン！

前走②番ゲート馬か、その隣馬が連対中
23年は7番人気マスクトディーヴァ優勝、単勝2320円！

19年	ビッグピクチャー	隣馬ダノンファンタジー	1着
20年	シャレード	隣馬ムジカ	2着
21年	エイシンヒテン	自身	2着
22年	メモリーレゾン	隣馬アートハウス	1着
23年	ココナッツブラウン	隣馬マスクトディーヴァ	1着

※17年から継続中。

前走1着馬が3着以内
20年は11番人気オーマイダーリン3着、3連単113万馬券！

17年	ラビットラン	1着
18年	サラキア	2着
19年	ウィクトーリア	3着
20年	オーマイダーリン	3着
21年	アンドヴァラナウト	1着
22年	サリエラ	2着
23年	マスクトディーヴァ	1着

※15年から継続中。

川田将雅騎手の±29馬が3着以内
今のところアタマはナシの傾向

20年	－29馬オーマイダーリン	3着
21年	＋29馬エイシンヒテン	2着
22年	＋29馬エグランタイン	3着
23年	＋29馬ブレイディヴェーグ	2着

※18年から継続中。

松山弘平騎手の±22馬が3着以内
22年はワンツー、馬連900円

20年	－22馬オーマイダーリン	3着
21年	－22馬エイシンヒテン	2着
22年	＋22馬アートハウス	1着
	－22馬サリエラ	2着
23年	－22馬マスクトディーヴァ	1着

GII セントライト記念

2024年9月16日　中山芝2200m（3歳）

正逆

京都大賞典	セントライト記念	
2019年【正７番】1着	➡ 2020年【逆７番】バビット	1着
2020年【正２番】2着	➡ 2021年【正２番】アサマノイタズラ	1着
2021年【正９番】2着	➡ 2022年【正９番】ガイアフォース	1着
2022年【正２番】2着	➡ 2023年【逆２番】ソールオリエンス	2着
2023年【正７番】1着 【正６番】2着	➡ **2024年【正逆６番、７番】**	

枠	馬番	馬名	父	母	毛色・斤量・性齢	騎手	調教師			馬主	生産者
白1	1	キングズレイン	ルーラーシップ	タッチングスピーチ3勝	鹿 56 牡3	ルメール	手塚	1500	5080	サンデーR	ノーザンF
黒2	2	セブンマジシャン	ジャスタウェイ	ハピネスダンサー5勝	鹿 56 牡3	西村淳	高野	900	3350	前迫義幸	ノーザンF
黒2	3	コレオグラファー	モーリス	ソルトオブジアース公	鹿 56 牡3	菅原明	高柳大	900	1612	大谷正嗣	戸川牧場
赤3	4	レーベンスティール	リアルスティール	トウカイライフ4勝	鹿 56 牡3	モレイラ	田中博	900	2890	キャロットF	[illegible]牧場
赤3	5	ドゥラエレーデ	ドゥラメンテ	マルケッサ未勝	黒鹿 56 牡3	坂井	池添学	5210	11,007	スリーエイチR	ノーザンF
青4	6	シャザーン	ロードカナロア	クイーンズリング6勝	鹿 56 牡3	岩田望	友道	1600	2830	金子真人HD	社台F
青4	7	シルトホルン	スクリーンヒーロー	シンメイミヤビ未勝	黒鹿 56 牡3	大野	新開	1700	3850	ディアレストC	[illegible]牧場
黄5	8	ウイニングライブ	ハービンジャー	ナタリー未勝	鹿 56 牡3	丸山	金成	400	853	レッドマジック	グランド牧場
黄5	9	アームブランシュ	キズナ	ソウルフルヴォイス4勝	黒鹿 56 牡3	吉田豊	竹内	400	2690	古川一弘	社台F
緑6	10	ウィズユアドリーム	サトノダイヤモンド	フラワーバレイ米	鹿 56 牡3	松山	吉岡	1500	3460	小林英一HD	出口牧場
緑6	11	シルバープリペット	レッドファルクス	アウグスタ未勝	芦 56 牡3	嶋田	松山将	900	1563	ミルF	松田牧場
橙7	12	コスモサガルマータ	ヴィクトワールピサ	エーソングフォー2勝	黒鹿 56 牡3	松岡	梅田智	1500	3100	ビッグレッドF	岡田S
橙7	13	ウインオーディン	エピファネイア	ピエナビーナス5勝	黒鹿 56 牡3	三浦	鹿戸雄	1000	2810	ウイン	コスモヴューF
桃8	14	ソールオリエンス	キタサンブラック	スキア仏	鹿 56 牡3	横山武	手塚	18,400	36,700	社台RH	社台F
桃8	15	グリューネグリーン	ラブリーデイ	レディーダービー未勝	栗 56 牡3	田辺	相沢	2000	4000	斎藤光政	本間牧場

2023年セントライト記念			
	1着④レーベンスティール	（2番人気）	馬連 310円
	2着⑭ソールオリエンス	（1番人気）	3連複 860円
	3着⑥シャザーン	（3番人気）	3連単 4220円

注目サイン！

正逆124番が連対中
23年は2番人気レーベンスティールが優勝

20年	逆124番サトノフラッグ	2着
21年	正124番ソーヴァリアント	2着
22年	逆124番アスクビクターモア	2着
23年	正124番レーベンスティール	1着

C・ルメール騎手の＋58馬が連対中
20年は4番人気バビット優勝、単勝590円

19年	＋58馬サトノルークス	2着
20年	＋58馬バビット	1着
21年	＋58馬ソーヴァリアント	2着
22年	＋58馬アスクビクターモア	2着
23年	＋58馬ソールオリエンス	2着

馬名末尾「ス」馬か、その隣馬が3着以内
22年は3番人気ガイアフォース優勝、単勝510円

18年	コズミックフォース	隣馬ジェネラーレウーノ	1着
19年	サトノルークス	自身	2着
20年	ヴァルコス	隣馬サトノフラッグ	2着
21年	オーソクレース	自身	3着
22年	ガイアフォース	自身	1着
23番	ソールオリエンス	自身	2着

田辺裕信騎手の±76馬が3着以内
23年は1番人気ソールオリエンスが2着

19年	＋76馬ザダル	3着
20年	－76馬サトノフラッグ	2着
21年	－76馬オーソクレース	3着
22年	－76馬ガイアフォース	1着
23年	－76馬ソールオリエンス	2着

GII オールカマー

当たり馬番は連動する!

2024年9月22日　中山芝2200m（3歳上）

札幌2歳S	オールカマー
2019年【逆2番】2着	➡ 2020年【逆2番】カレンブーケドール　2着
2020年【逆2番】1着	➡ 2021年【正2番】ウインキートス　2着
2021年【逆2番】1着	➡ 2022年【正2番】ジェラルディーナ　1着
2022年【逆3番】1着	➡ 2023年【逆3番】ローシャムパーク　1着
2023年【逆7番】1着 【逆3番】2着	➡ **2024年【正逆3番、7番】**

枠	馬番	馬名	父	母	毛色・斤量・性齢	騎手	調教師	賞金	総賞金	馬主	生産者
桃8	15	ウインマリリン	スクリーンヒーロー	コスモチェーロ1勝	栗57牝6	松岡	手塚	24,240	52,445	ウイン	コスモヴューF
桃8	14	マリアエレーナ	クロフネ	テンダリーヴォイス2勝	芦55牝5	三浦	吉田	6350	18,297	金子真人HD	日高大洋牧場
橙7	13	ローシャムパーク	ハービンジャー	レネットグルーヴ3勝	鹿57牡4	ルメール	田中博	4550	10,894	サンデーR	ノーザンF
橙7	12	ハヤヤッコ	キングカメハメハ	マシュマロ2勝	白57牡7	浜中	国枝	7650	21,280	金子真人HD	ノーザンF
緑6	11	ノースブリッジ	モーリス	アメージングムーン1勝	鹿58牡5	岩田康	奥村武	7650	17,170	井山登	村田牧場
緑6	10	エヒト	ルーラーシップ	ヒーラ3勝	鹿57牡6	菅原明	森秀	7950	19,499	平井裕	白井牧場
黄5	9	地 チェスナットコート	ハーツクライ	ホワイトヴェール3勝	栗57牡9	田中学	(園田)田中一	2595	13,344	藤田卓也	下河辺牧場
黄5	8	ゼッフィーロ	ディープインパクト	ワイルドウインド(独)	鹿57牡4	戸崎圭	池江寿	2400	8320	社台RH	社台F
青4	7	ガイアフォース	キタサンブラック	ナターレ(公)	芦57牡4	西村淳	杉山晴	4800	13,400	KRジャパン	[illegible]分F
青4	6	ジェラルディーナ	モーリス	ジェンティルドンナ10勝	鹿56牝5	団野	斉藤崇	13,100	42,620	サンデーR	ノーザンF
赤3	5	アラタ	キングカメハメハ	サンシャイン3勝	鹿57牡6	田辺	和田勇	4800	15,550	村田能光	社台F
赤3	4	マテンロウレオ	ハーツクライ	サラトガヴィーナス3勝	黒鹿57牡4	横山典	昆	5900	17,130	寺田千代乃	猪野毛牧場
黒2	3	アサマノイタズラ	ヴィクトワールピサ	ハイタッチクイーン3勝	黒鹿57牡5	嶋田	手塚	4200	9370	星野壽市	前野牧場
黒2	2	タイトルホルダー	ドゥラメンテ	メーヴェ5勝	鹿58牡5	横山和	栗田徹	38,600	81,300	山田弘	岡田S
白1	1	ロングラン	ヴィクトワールピサ	ノッテビアンカ(仏)	鹿57騸5	丹内	和田勇	2400	5500	梅澤明	社台F

2023年オールカマー		
1着⑬ローシャムパーク	（4番人気）	馬連 1020円
2着②タイトルホルダー	（1番人気）	3連複 5380円
3着⑧ゼッフィーロ	（7番人気）	3連単 24340円

注目サイン！

正逆2番が3着以内
22年は5番人気ジェラルディーナ優勝、単勝1950円

18 年　正2番ダンビュライト　3着
19 年　逆2番スティッフェリオ　1着
20 年　逆2番カレンブーケドール　2着
21 年　正2番ウインキートス　2着
22 年　正2番ジェラルディーナ　1着
23 年　正2番タイトルホルダー　2着

三浦皇成騎手の±29馬が3着以内
22年は6番人気ロバートソンキー2着、馬連万馬券！

18 年　－ 29 馬アルアイン　2着
20 年　＋ 29 馬ジェネラーレウーノ　3着
21 年　－ 29 馬ウインキートス　2着
22 年　＋ 29 馬ロバートソンキー　2着
23 年　＋ 29 馬ローシャムパーク　1着
※ 17 年から継続中。19 年は同騎手の騎乗ナシ。

4歳馬が3着以内
23年は4番人気ローシャムパークが優勝

18 年　レイデオロ　1着
19 年　グレイル　3着
20 年　カレンブーケドール　2着
21 年　ウインマリリン　1着
22 年　ジェラルディーナ　1着
23 年　ローシャムパーク　1着

戸崎圭太騎手の＋75馬が3着以内
23年は7番人気ゼッフィーロ3着、3連単2万馬券

19 年　＋ 75 馬スティッフェリオ　1着
20 年　＋ 75 馬ステイフーリッシュ　3着
21 年　＋ 75 馬ウインマリリン　1着
22 年　＋ 75 馬ジェラルディーナ　1着
23 年　＋ 75 馬ゼッフィーロ　3着

GII 神戸新聞杯

2024年9月22日　中京芝2200m（3歳）

正逆 7番8番

ステイヤーズS	神戸新聞杯	
2019年【逆2番】1着	➡ 2020年【正2番】コントレイル	1着
2020年【逆5番】1着	➡ 2021年【正5番】ステラヴェローチェ	1着
2021年【正11番】1着	➡ 2022年【逆11番】ジャスティンパレス	1着
2022年【逆8番】1着	➡ 2023年【逆8番】サヴォーナ	2着
2023年【正7番】1着 【逆8番】1着	➡ **2024年【正逆7番、8番】**	

馬番	13	12	11	10	9	8	7	6	5	4	3	2	1
枠	桃8	桃8	橙7	橙7	緑6	緑6	黄5	黄5	青4	青4	赤3	黒2	白1
父	ハーツクライ	ハービンジャー	ドゥラメンテ	グレーターロンドン	ビーチパトロール	ゴールドシップ	ハービンジャー	キズナ	ミッキーアイル	ロードカナロア	サトノダイヤモンド	シルバーステート	ハーツクライ
馬名	ハーツコンチェルト	スマートファントム	シーズンリッチ	ナイトインロンドン	(地)ビキニボーイ	マイネルラウレア	ファントムシーフ	サヴォーナ	バールデュヴァン	ロードデルレイ	サトノグランツ	ショウナンバシット	サスツルギ
母	ナスノシベリウス3勝	スマートアイリス未出	エバーシャルマン2勝	ムーンハウリング公	エバーアンドエバー1未出	マイネボヌール4勝	ルパンII米	テイケイラピッド1勝	ジェラテリアバール1勝	デルフィーノ3勝	チェリーコレクト愛	ギエム未出	スノーバイン英
毛色・斤量・性齢	鹿 56 牡3	鹿 56 牡3	鹿 56 牡3	芦 56 牡3	鹿 56 牡3	芦 56 牡3	鹿 56 牡3	鹿 56 牡3	鹿 56 牡3	鹿 56 牡3	鹿 56 牡3	鹿 56 牡3	鹿 56 牡3
騎手	松山	岩田望	角田河	和田竜	松若	横山武	武豊	池添	古川吉	坂井	川田	Mデムーロ	北村宏
調教師	武井	石橋	久保田	大竹	梅田智	宮	西村	中竹	浜田	中内田	友道	須貝尚	木村
賞金	1500	900	2400	1500	1080	1600	3000	1500	900	1500	3600	2100	1500
総賞金	11,650	2700	4780	3120	2238	3240	12,400	4800	2300	3240	7200	6280	3680
馬主	グリーンファーム	大川徹	宇田豊	窪田芳郎	小林祥晃	ラフィアン	ターフS	加藤誠	グリーンファーム	ロードHC	里見治	国本哲秀	サンデーR
生産者	ハシモトF	静内山田牧場	ノーザンF	坂東牧場	谷岡牧場	ビッグレッドF	谷川牧場	[illegible]昭牧場	社台F	ケイアイF	ノーザンF	ノーザンF	ノーザンF

2023年 神戸新聞杯	1着③サトノグランツ	（3番人気）	馬連 4740円
	2着⑥サヴォーナ	（10番人気）	3連複 6370円
	3着⑦ファントムシーフ	（2番人気）	3連単 34690円

注目サイン！

M・デムーロ騎手の＋14馬が3着以内
22年は5番人気ジャスティンパレス優勝、単勝1100円

17 年　＋ 14 馬キセキ　2着
18 年　＋ 14 馬メイショウテッコン　3着
20 年　＋ 14 馬コントレイル　1着
22 年　＋ 14 馬ジャスティンパレス　1着
23 年　＋ 14 馬サトノグランツ　1着
※ 19、21 年は同騎手の騎乗ナシ。

武豊騎手の±69馬が3着以内
近4回はいずれもアタマでゴールイン

17 年　＋ 69 馬サトノアーサー　3着
19 年　－ 69 馬サートゥルナーリア　1着
20 年　－ 69 馬コントレイル　1着
22 年　＋ 69 馬ジャスティンパレス　1着
23 年　－ 69 馬サトノグランツ　1着
※ 18、21 年は同騎手の騎乗ナシ。

松山弘平騎手の±94馬が3着以内
21年は8番人気モンテディオ3着、3連単8万馬券！

16 年　＋ 94 馬ミッキーロケット　2着
18 年　－ 94 馬エタリオウ　2着
19 年　－ 94 馬ワールドプレミア　3着
20 年　－ 94 馬ヴェルトライゼンデ　2着
21 年　－ 94 馬モンテディオ　3着
23 年　＋ 94 馬サトノグランツ　1着
※17、22 年は同騎手の騎乗ナシ。他に「C・ルメール騎手の± 59 馬が 3 着以内」も継続中。

前走ダービー出走馬が1着継続中
23年はサトノグランツがダービー11着から巻き返し

20 年　コントレイル　1着
21 年　ステラヴェローチェ　1着
22 年　ジャスティンパレス　1着
23 年　サトノグランツ　1着

GIII シリウスS

2024年9月28日　中京ダ1900m（3歳上）

正逆　8番 16番

NHKマイルC	シリウスS
2019年【逆2番】1着	➡ 2020年【逆2番】カフェファラオ　1着
2020年【逆8番】1着	➡ 2021年【正8番】サンライズホープ　1着
2021年【逆9番】2着	➡ 2022年【正9番】ジュンライトボルト　1着
2022年【逆1番】1着	➡ 2023年【逆1番】ハギノアレグリアス　1着
2023年【逆8番】1着 【逆16番】2着	➡ **2024年【正逆8番、16番】**

枠	馬番	父	馬名	母	毛色・斤量・性齢	騎手	調教師	賞金	総賞金	馬主	生産者
桃8	14	キズナ	ハギノアレグリアス	タニノカリス 3勝	鹿 58.5 牡6	岩田望	四位	7500	16,020	日隈良江	岡田S
桃8	13	トゥザグローリー	ゲンパチルシファー	ラブリイステラ 2勝	鹿 58 牡7	替 鮫島駿	佐々木晶	4300	15,960	平野武志	カナイシS
橙7	12	アスカクリチャン	クリノドラゴン	クリノクレオパトラ 1勝	栗 58 牡5	武豊	大橋	4400	12,993	栗本博晴	宝寄山拓樹
橙7	11	マジェスティックウォリアー	サンライズホープ	オーパスクイーン 3勝	鹿 58.5 牡6	替 和田竜	羽月	7400	17,870	松岡隆雄	ヤナガワ牧場
緑6	10	ダンカーク	トウセツ	ピエリーナ 2勝	芦 55 牡4	替 Mデムーロ	杉山佳	2400	7350	中辻明	白老F
緑6	9	モーリス	カフジオクタゴン	メジロマリアン 3勝	芦 57 牡4	替 坂井	矢作	3500	9484	加藤守	レイクヴィラF
黄5	8	ダノンレジェンド	地 サンマルレジェンド	ノースプリンセス 未出	黒鹿 55 牡5	酒井	大橋	2230	5108	相馬勇	谷川牧場
黄5	7	ドゥラメンテ	アイコンテーラー	ボイルトウショウ 未勝	栗 55.5 牝5	菱田	河内	4550	11,730	中西浩一	畠山牧場
青4	6	ヘニーヒューズ	ニューモニュメント	アンナータ 公	鹿 58 牡7	替 川田	小崎	5000	20,097	[illegible]田葉子	高橋義浩
青4	5	ヘニーヒューズ	フルヴォート	リーチコンセンサス 4勝	鹿 55 牡5	幸	西村	2400	6910	キャロットF	ノーザンF
赤3	4	シニスターミニスター	ヘラルドバローズ	ホワットアスポット 米	鹿 56 牡4	替 松山	寺島	2400	7710	猪熊広次	服部牧場
赤3	3	タートルボウル	地 ヴァンヤール	ブライトエルフ 1勝	栗 57 牡5	荻野極	庄野	3410	10,271	ヒダカBU	槇本牧場
黒2		ダノンバラード	ロードブレス	ミステリューズ 未勝	黒鹿 58 牡7	替 川須	奥村豊	6760	15,046	ロードHC	市川牧場
白1		キズナ	キリンジ	タイムピース 未出	鹿 54 牡3	藤岡佑	佐々木晶	2650	4955	岡浩二	サンデーヒルズ

2023年 シリウスS			
	1着⑭ハギノアレグリアス	（1番人気）	馬連 970円
	2着⑦アイコンテーラー	（2番人気）	3連複 2000円
	3着③ヴァンヤール	（3番人気）	3連単 7060円

注目サイン！

3歳馬の隣枠が連対中
23年は1番人気ハギノアレグリアスが順当勝ち

18年	ヒラボクラターシュ	隣枠オメガパフューム	1着
19年	マッスルビーチ	隣枠アングライフェン	2着
20年	キメラヴェリテ	隣枠カフェファラオ	1着
21年	ゴッドセレクション	隣枠サンライズホープ	1着
22年	ハピ	隣枠ジュンライトボルト	1着
23年	キリンジ	隣枠ハギノアレグリアス	1着

松山弘平騎手の－3枠が3着以内
22年は4番人気ジュンライトボルト優勝、単勝770円

19年	－3枠ロードゴラッソ	1着
20年	－3枠エイコーン	3着
21年	－3枠ブルベアイリーデ	3着
22年	－3枠ジュンライトボルト	1着
23年	－3枠ハギノアレグリアス	1着

出走馬中最短馬名馬の隣馬が連対中
21年は5番人気ウェスタールンド2着、馬連4210円

20年	ミツバ	隣馬カフェファラオ	1着
21年	ハヤヤッコ	隣馬ウェスタールンド	2着
22年	ハピ	隣馬ジュンライトボルト	1着
23年	キリンジ	隣馬ハギノアレグリアス	1着

前走⑨番ゲート馬か、その隣馬が3着以内
22年は2番人気アイコンテーラーが2着

17年	ピオネロ	自身	3着
18年	サンライズソア	自身	3着
19年	アングライフェン	自身	2着
21年	ハヤヤッコ	隣馬ウェスタールンド	2着
22年	ハピ	隣馬ジュンライトボルト	1着
23年	サンマルレジェンド	隣馬アイコンテーラー	2着

※20年は該当馬の出走ナシ。

★伊藤雨氷(いとう・うひょ)

本名／伊藤一樹（いとうかずき）。名古屋市在住。昭和40年（1965年）生まれ。

平成5年（1993年）のオークスの日、悪友に無理やりウインズ名古屋に連れて行かれたのが競馬との出会い。当初は教えられた通りに正統派予想で戦っていたが、あるときから上位人気馬が平然と消えていく日常に疑問を感じ、サイン読み、裏読みに傾倒していく。

「日本の競馬は数字を駆使したシナリオがあらかじめ決められている」という確信を得て、平成7年（1995年）にリンク理論を確立。

独自開発した解析ソフトを用い、多数の高配当的中実績を持つ。本書を含め53冊の著作がある。

ホームページ

■サイン通信

http://www.signpress.net/

■サイン通信　談話室

http://www2.ezbbs.net/29/niitann/

ネット会員募集中

毎週の旬のサインとデータと参考の買い目を、インターネットで配信します。スマホ、タブレット、パソコンなどネットに接続できる環境が必要です。

ネット会員　8日間22,000円　携帯、スマホ、PCをご用意ください。

ソフト会員　8日間24,200円（割引あり）PCか携帯で閲覧できます。

GIサイン会員（お得）春季、秋季各24,200円（割引あり）

ネット会員の方には、各レースの詳しいサインの解説、最新の旬のサインをお届けします。ソフト会員の方には、自動サイン読みソフトによる買い目の提供です。

会員情報のサンプルは、ホームページ内の説明掲示板に用意してありますので、自由にご覧ください。初心者の方には、ネット会員がお薦めです。

詳しくは、下記までメールでお問い合わせください。

Eメール　itou@proof.ocn.ne.jp
〒 451 － 0015　愛知県名古屋市西区香呑町 4 － 65 － 203
サイン通信　代表　伊藤一樹

読者プレゼントのお知らせ

旬のサインをプレゼントいたします。ご希望の方は下の応募券を切り取り、サイン通信事務所まで封書（ハガキは不可）でお送りください（誤って出版社に送られても転送できません）。

住所、氏名、電話番号、メールアドレスを楷書で丁寧に大きくお書きください。携帯の方は受信許可設定にしてください。メールがない方は遅くなりますが、郵送でも対応いたします。郵送希望の方は 200 円（コピー代等含む）分の切手を同封してください。

昨今、メールの届かない方、郵便が迷子になる方が増えております。メールか、郵送、いずれにお申込みの方も、必ず「封筒の外側」に住所と電話番号をお書きください。

１枚の応募券で、メールか郵送のどちらかにのみ応募できます。有効期限は3回目の締切日まで。最新刊以外の応募券は無効です。

締め切りは1回目が 24 年4月 12 日。2回目が5月 10 日、3回目が6月 10 日の消印有効です。各回の締め切り後2週間程度でお送りいたします。

各回内容が異なります。2回分をご希望の方は、別々に2冊分の応募券を、3回ともご希望の方は3冊分の応募券をお送りください。対象レースはこちらで選択いたします。

おまけの発送状況はサイン通信のホームページでお知らせいたします。

締め切りから2週間を過ぎても返信未着の場合は、速やかにメールか封書でお申し出ください。

旬のサイン応募券
リンク馬券術
2024上半期編
（応募券は2024年6月10日まで有効）

☆データ協力

立山輝　ひで乃助
ｓｕｇａｒ　ロイズ
いいなみ　さる
小圷知明

■ 2024 年下半期対応の「リンク馬券術」は 24 年9月上旬発売予定です。

●著者紹介

伊藤雨氷（いとう うひょ）

本名／伊藤一樹（いとう・かずき）。名古屋市在住。昭和40年生まれ。平成5年のオークスの日、悪友に無理やりウインズ名古屋に連れて行かれたのが競馬との出会い。当初は教えられた通りに正統派予想で戦っていたが、あるときから上位人気馬が平然と消えていく日常に疑問を感じ、サイン読み、裏読みに傾倒していく。「日本の競馬は数字を駆使したシナリオがあらかじめ決められている」という確信を得て、平成7年にリンク理論を確立。独自開発した解析ソフトを用い、多数の高配当的中実績を持つ。本書を含め53冊の著作がある。

この競馬(けいば)にはウラがある！
リンク馬券術(ばけんじゅつ)

発行日　2024年3月17日　第1版第1刷

著　者　伊藤(いとう)　雨氷(うひょ)

発行者　斉藤　和邦
発行所　株式会社　秀和システム
〒135－0016
東京都江東区東陽2-4-2　新宮ビル2F
Tel 03-6264-3105（販売）　Fax 03-6264-3094
印刷所　三松堂印刷株式会社　Printed in Japan

ISBN978-4-7980-7206-7 C0075